Europäisches
Hansemuseum

Katalog des Europäischen Hansemuseums

European Hansemuseum Catalogue

Lübeck 2016

edition *exspecto*

Geleitwort
Greeting

Die Hanse ist ein Beispiel dafür, welche Vorteile Austausch und freier Handel über Grenzen hinweg schon in früheren Jahrhunderten für die beteiligten Völker bieten konnten. Viele Städte kamen damals durch die Hanse zu großem Wohlstand, auch Lübeck. Die Hanse darf so als früher Vorläufer der Europäischen Union gelten, auch wenn Letztere natürlich sehr viel umfassender und weitreichender ist. Die Aufgabe bleibt aber ähnlich: grenzübergreifend zusammenzuarbeiten, um Verständigung und friedlichen Ausgleich zu fördern.

Das Europäische Hansemuseum hat es sich zur Aufgabe gemacht, seinen Besuchern die Geschichte der Hanse nahezubringen und ihnen die Bedeutung der Hanse bis in unsere Zeit verständlich zu machen. Die vielen originalen Ausstellungsstücke werden ergänzt durch faszinierende Rekonstruktionen, Augenblicksaufnahmen aus ausgewählten historischen Ereignissen. Darüber hinaus ist das Museum gemeinsam mit der Forschungsstelle für die Geschichte der Hanse und des Ostseeraums ein wichtiger Ort der Hanse-Forschung.

Am 15. April 2015 fand genau hier das Treffen mit meinen Außenminister-Kollegen aus den G7-Staaten statt, noch vor der eigentlichen Eröffnung des Museums. Hier verabschiedeten wir – inspiriert vom Geist der Hanse – unsere gemeinsame Erklärung, die sogenannte *Lübecker Erklärung*, zu maritimer Sicherheit. Einen passenderen Ort hätte ich mir nicht vorstellen können.

Ich wünsche allen Besuchern des Europäischen Hansemuseums Lübeck, dass sie sich in den Räumlichkeiten des Museums ebenso wohlfühlen und dass sie nach dem Eintauchen in die mittelalterliche Welt der Hanse viele interessante Eindrücke mit nach Hause nehmen.

The Hanseatic League is an example of the benefits that exchange and free trade across borders can bring those involved – even as far back as the Middle Ages. Many cities, including Lübeck, became very wealthy thanks to the Hanseatic League, which may be regarded as an early forerunner of the European Union. The latter is of course far more extensive and wide-ranging, but the purpose remains similar, namely to work together across borders in order to foster understanding and peaceful compromise.

The aim of the European Hansemuseum is to bring the history of the Hanseatic League to life for visitors and to explain the importance of the Hanseatic League, which continues to have an impact to this day. The many original exhibits are accompanied by fascinating reconstructions depicting snapshots of selected historical events. Along with the Research Centre for the History of the Hanseatic League and the Baltic Region, the museum is also an important site for research on the Hanseatic League.

On 15 April 2015, the meeting with my G7 counterparts took place in the museum, prior to its official opening. Inspired by the spirit of the Hanseatic League, we adopted our joint declaration – the *Lübeck Declaration* on Maritime Security. I cannot imagine a more fitting venue.

I hope that all visitors to the European Hansemuseum will feel as welcome as we did and that they will return home with many interesting impressions after immersing themselves in the medieval world of the Hanseatic League.

Dr. Frank-Walter Steinmeier

Bundesminister des Auswärtigen
Federal Minister for Foreign Affairs

Grußworte
Messages

Schleswig-Holstein hat eine reichhaltige Museumslandschaft, auf die wir stolz sein können. Unlängst ist mit dem Europäischen Hansemuseum in Lübeck ein Publikumsmagnet hinzugekommen, der auf herausragende Weise einen wichtigen Aspekt der norddeutschen und nordeuropäischen Identität und Tradition darstellt: die Hanse.

Niederdeutsche Fernhändler haben über sechs Jahrhunderte ein starkes Netzwerk aufgebaut, das die Kaufleute in engen Austausch brachte, in dem sie ihre kaufmännische Finesse und ihren politischen Einfluss geschickt miteinander verbanden. Das Europäische Hansemuseum zeigt diese spannende Geschichte mit eindrucksvollen Rekonstruktionen und einer beispielhaften Auswahl von Exponaten.

Das neue Haus ist in Lübeck fest verankert, nennt sich aber völlig zu Recht „europäisch": Es präsentiert sein Thema vielsprachig, zeigt internationale Schauplätze der Hanse-Zeit und arbeitet mit zahlreichen Museen im In- und Ausland zusammen. Ich freue mich sehr, dass wir das Entstehen dieses eindrucksvollen Museums mit EU-Fördermitteln unterstützen konnten.

Allen Besucherinnen und Besuchern des Europäischen Hansemuseums wünsche ich viel Freude bei ihrem Gang durch die Ausstellung, interessante Einblicke und viele neue Erkenntnisse!

Schleswig-Holstein has a rich museum landscape that we can be proud of. It was recently joined by a major new attraction, the European Hansemuseum in Lübeck, which provides an outstanding showcase for a key aspect of north German and northern European identity and tradition: the Hanse.

Over six centuries Low German merchants built a powerful network that enabled them to communicate closely with one another and to combine their commercial acumen and political influence with great skill. The European Hansemuseum portrays this fascinating history by means of impressive reconstructions and an exemplary selection of exhibits.

The new museum is firmly anchored in Lübeck, but rightly calls itself "European": its exhibitions are multilingual, it depicts the international arenas of the Hanseatic period and collaborates with many museums in Germany and abroad. I am delighted that we were able to support the creation of this impressive museum with EU funding and hope that all the visitors to the European Hansemuseum enjoy their tour of the exhibition.

I wish them all interesting discoveries and a wealth of new perspectives.

Torsten Albig
Ministerpräsident des Landes Schleswig-Holstein
Minister-President of Schleswig-Holstein

Mit dem Europäischen Hansemuseum hat die Stadt Lübeck ein wahrlich großes Geschenk erhalten: Im Norden der Lübecker Altstadt bietet das Museum ein neues kulturelles Highlight, das zu einem Anziehungspunkt für die Lübecker Bürgerinnen und Bürger und auch für die zahlreichen Besucherinnen und Besucher der Stadt geworden ist. Nicht nur wegen seiner hochwertigen und aufwendig gestalteten Ausstellung, sondern auch aufgrund der facettenreichen kulturellen Veranstaltungen auf dem Museumsareal freue ich mich über die Erweiterung der Lübecker Museumslandschaft um dieses ausgezeichnete Haus.

Darüber hinaus sehe ich das Europäische Hansemuseum als Zentrum und neue Heimat für den Städtebund DIE HANSE – eine moderne Vereinigung der historischen Hansestädte mit aktuell 185 Mitgliedern in 16 Ländern. Der Gedanke eines grenzüberschreitenden Austauschs und das Bestreben, den Geist der Hanse wiederzubeleben, werden durch die regelmäßig stattfindenden Hansetage, aber auch die intellektuelle Aufarbeitung und Forschung im Europäischen Hansemuseum manifestiert. Ich wünsche Ihnen viel Freude beim Erkunden der hansischen Geschichte!

The European Hansemuseum truly is a great gift for Lübeck: in the north of Lübeck's old town the museum offers a new cultural highlight that has become a popular attraction for the residents of Lübeck and also for the many guests who come to visit our city. I am delighted by this outstanding contribution to Lübeck's museum landscape, not only because of the quality and innovative design of the exhibition, but also for the wide range of cultural events that take place on the museum complex.

Furthermore, I see the European Hansemuseum as the centre and new home for DIE HANSE, a modern network linking the historic Hanseatic towns, which currently has almost 200 members in 16 countries. The idea of international exchange and the joint effort to revive the spirit of the Hanse are expressed in regular Hanseatic Days, but also in the intellectual analysis and research that takes place at the European Hansemuseum.

I hope you enjoy discovering the history of the Hanse!

Bernd Saxe

Bürgermeister der Hansestadt Lübeck
Vormann des Städtebundes DIE HANSE

Mayor of the Hanseatic City of Lübeck
President of the network DIE HANSE

Das Europäische Hansemuseum ist ein modernes Themenmuseum, dessen Standort nicht passender sein könnte: direkt an der Trave gelegen, wo einst die Hanse-Kaufleute ihre Schiffe beluden, um von dort aus zu weit entfernten Handelsplätzen aufzubrechen.

In der Ausstellung erfahren die Besucher unter anderem, welche Aufbruchstimmung durch den florierenden Handel herrschte: Handelswege in fremde Länder wurden erkundet, die einen grenzüberschreitenden wirtschaftlichen und kulturellen Austausch in Europa ermöglicht haben. Diese alten Routen werden noch heute so aktiv wie nie zuvor genutzt.

Zugleich bieten die eindrucksvollen und wissenschaftlich fundierten Präsentationen die Möglichkeit, Phänomene unserer Zeit anders zu begreifen. Im Zeitalter der Globalisierung, in der umfangreiche Handelsabkommen und -räume wie der EWR, NAFTA, TTIP und CETA etabliert werden, kommen uns sofort Parallelen zu den Netzwerken der Hanse in den Sinn. Auf den Hansetagen mussten Städtevertreter sich in ähnlicher Weise auf eine gemeinsame Handelspolitik einigen wie Politiker heute auf einem EU-Gipfel. So zeigt das Europäische Hansemuseum auch, wie sehr Geschichte im Fluss und Vergangenes mit Aktuellem verknüpft ist.

Bereits 2004 hatte die Hansestadt Lübeck die Initiative zur Errichtung dieses einzigartigen Museums ergriffen. Sehr gerne hat die Possehl-Stiftung ihren Beitrag geleistet, dass in Lübeck ein Museum entstehen konnte, das in der Hansestadt fest verankert ist und gleichzeitig eine internationale Reichweite hat. Ich wünsche Ihnen einen spannenden Museumsbesuch!

The European Hansemuseum is a specialised modern museum in a location that could not be bettered: right on the river Trave, where the Hanseatic merchants once loaded their ships before setting sail for far-off trading places.

Visitors to the exhibition can get a feel for the sense of optimism inspired by the Hanse's flourishing commercial activities. Trade routes to foreign countries were opened up that enabled economic and cultural exchanges across borders in Europe. Today these old routes are used more frequently than ever before.

At the same time the evocative and well researched set pieces in the museum allow us to see contemporary phenomena from a different perspective. In an era of globalisation, with wide-ranging trade agreements and free trade areas such as EEA, NAFTA, TTIP and CETA being established, it is not hard to see parallels with the commercial networks of the Hanse. The challenges of an EU summit are similar to those of the Hansetage, where representatives of towns also had to agree on common policies. So the European Hansemuseum also shows how history is a process in which links exist between the past and the present.

It was in 2004 that the Hanseatic City of Lübeck took the initiative to build this unique museum. The Possehl Foundation was delighted to contribute to establishing a museum which is at home in Lübeck and at the same time has such international scope. I wish you an exciting museum visit!

Max Schön
Vorsitzender des Stiftungsvorstandes
Possehl-Stiftung Lübeck
Chairman of the Board of Trustees
Possehl Foundation Lübeck

Editorial

Es mag ein sonniger Maimorgen gewesen sein in diesem Jahr 1229, an dem sich ein Gefolgsmann des Grafen von Brehna und Wettin in Lübeck hinunter zur Trave begibt. Er ist in voller Rüstung, sein Pferd prächtig geschmückt. Gleich wird er sich gen Osten einschiffen.

2012 entsteht am gleichen Ort ein neues Museum zur Geschichte der Hanse. Inmitten der riesigen Baugrube blinkt den Archäologinnen und Archäologen ein winziges Objekt entgegen. Sie säubern es und entdecken einen kleinen silbernen Anhänger vom mittelalterlichen Zaumzeug eben jenes Pferdes, der hier verloren wurde. Heute ist dieser Anhänger eines der vielen Objekte im Europäischen Hansemuseum. Ein Ort, an dem zum ersten Mal die komplexe Geschichte eines der erfolgreichsten Handelsnetzwerke aller Zeiten sichtbar wird: international, themenübergreifend, das historische und das heutige Lübeck einbindend.

Dabei war der Weg von der Idee bis zur Eröffnung eine echte Herausforderung – die sich gelohnt hat! Denn in dem neuen Haus wird Geschichte erlebbar: Besucherinnen und Besucher erfahren von Wagnis und Entstehung, von Reichtum und Misserfolg, von Macht und Kampf.

Seit der Eröffnung am 27. Mai 2015 mit Bundeskanzlerin Angela Merkel entwickelt sich das Europäische Hansemuseum zu einem erfolgreichen und festen Bestandteil der Lübecker Museumslandschaft. Es soll ein lebendiger Ort sein, der die Hanse mit ihren vielen Facetten und in ihrer europäischen Dimension reflektiert und weiterdenkt.

Wir wünschen uns, dass unsere Besucherinnen und Besucher diesen faszinierenden Weg bereisen und uns mit neuem Wissen und einem neuen Gefühl für die immer noch lebendige Hanse verlassen.

Maybe it was a sunny morning in May in the year 1229 as a knight in the service of the Count of Brehna and Wettin rode down to the river Trave in Lübeck. He is in full armour and his mount is richly caparisoned. He is about to board a ship bound for the East.

In 2012 a new museum on the history of the Hanse is being built on the same spot. In the middle of the enormous excavation pit the archaeologists spot a bright, tiny object. They clean it and discover that it is a small silver decoration from that very same medieval bridle, which was lost here. Today this ornament is one of many objects on display in the European Hansemuseum. A place where the complex history of one of the most successful trading networks in history is revealed for the first time. It is international, multifaceted and incorporates both historical and contemporary Lübeck.

The journey from the first idea to the opening was certainly a challenge – but it was worth it! Because the new museum makes history come alive: visitors can experience daring and discovery, wealth and failure, power and struggle.

Since it was opened by the German chancellor Angela Merkel on 27 May 2015 the European Hansemuseum has become a successful and established part of the Lübeck museum landscape. It is intended to be a dynamic place, which reflects and cultivates the Hanse in all its aspects and in its European dimension.

We hope that our visitors will embark on this fascinating journey and leave us with greater knowledge and a new feeling for the Hanse, whose spirit is still very much alive.

Dr. Felicia Sternfeld
Geschäftsführende Direktorin
Managing director

Inhalt
Contents

Die Geschichte der Hanse
History of the Hanse

◉ **Szene in der Ausstellung**
Scene in the exhibition

≡ **Glossar**
Glossary

⚑ **Exponat**
Exhibit

�.ɪ.ɪ **Grafik**
Diagram

\# **Karte**
Map

Collage aus drei der fünf Kauf-
mannsfiguren, die für das Europäische
Hansemuseum anhand historischer
Quellen rekonstruiert wurden.

Collage made up of three of the five
waxwork figures of merchants based
on historical sources on display in
the European Hansemuseum.

Die Hanse

Gemeinschaft. Konkurrenz. Profit.

The Hanse – Community. Competition. Profit.

Mehr als 600 Jahre handeln Kaufleute aus dem niederdeutschen Sprachraum in einem einzigartigen Netzwerk im Norden Europas und bis in die Küstenstädte am Mittelmeer. Im 12. Jahrhundert machen sie sich in Fahrtgemeinschaften auf den Weg zu lukrativen Märkten. Von den Herrschern vor Ort erhalten die Kaufleute Schutz und Sonderrechte, an wichtigen Handelsplätzen entstehen Niederlassungen – die Kontore der Hanse. Auf Hansetagen treffen Vertreter ihrer Heimatstädte seit Mitte des 14. Jahrhunderts gemeinsam wirtschaftspolitische Entscheidungen. Ihre Privilegien verteidigen die Fernhändler mit allen Mitteln. Doch was genau diese Hanse eigentlich ist, darüber scheiden sich bis heute die Geister. Das könnte auch daran liegen, dass sich die Organisation der Kaufleute im Laufe der Jahrhunderte ständig verändert ...

For more than 600 years, merchants speaking Low German conduct their business in a unique network that extends across northern Europe and as far south as the cities of the Mediterranean. In the 12th century they set off in groups to travel to lucrative new markets. The merchants receive protection and privileges from the local rulers and establish trading posts in important commercial centres – the Hanseatic kontors. From the mid-14th century onwards, representatives of the Hanseatic towns and cities hold assemblies known as Hansetage to take joint political and economic decisions. The long-distance merchants defend their privileges by all possible means. But to this day, there is no consensus on what the Hanse actually is. This could also be because the way the merchants are organised changes constantly over the centuries ...

An der Newa um 1193
On the river Neva around 1193

Auf den Schiffen leben und arbeiten die Seeleute zwischen Fässern, Ballen und Tauwerk auf engstem Raum. Vorlage für die Koggen im Europäischen Hansemuseum ist ein archäologischer Fund aus Kollerup (Dänemark).

On the ships the sailors live and work in a confined space between barrels, bales and ropes. The cogs in the European Hansemuseum are based on vessels found buried in Kollerup (Denmark).

Auf dem Weg zu lukrativen Märkten
On course for lucrative markets

Auch ein Priester ist immer an Bord, denn nichts fürchten die Menschen im Mittelalter so sehr wie die Hölle. Während der Fahrt hält er den Gottesdienst an einem solchen Tragaltar.

Reproduktion eines Originals aus dem Stift Werder bei Essen.

A priest always travels with the merchants, because in the Middle Ages people are terrified of going to Hell. He says Mass at a portable altar during the voyage.

Reproduction of an original from Stift Werder near Essen.

Ein Anfang der Hanse lässt sich an der Mündung der Newa im Nordwesten Russlands verorten. Wo heute die Bauten der Millionenmetropole St. Petersburg die Ufer säumen, gehen Ende des 12. Jahrhunderts Handelsschiffe niederdeutscher Kaufleute vor Anker. Das eigentliche Ziel der Fernhändler liegt allerdings noch rund 400 Kilometer entfernt: Nowgorod, Hauptstadt des gleichnamigen Fürstentums im mittelalterlichen Großreich der Kiewer Rus und ein Zentrum für den Handel mit Wachs und Pelzen. Diese Waren aus dem dicht bewaldeten Hinterland sind im **Heiligen Römischen Reich** ☰ vor allem bei Adel und Kirche begehrt. Zudem gelangen über die nördlichen Routen der Seidenstraße Gewürze und feine Seidentuche in die Stadt. Zum Tausch gegen diese Luxusgüter bringen Händler aus Lübeck, Münster, Dortmund und vielen anderen niederdeutschen Städten Tuche, Metallwaren, Lebensmittel wie Salz, Heringe oder Getreide, vor allem aber Silber nach Russland.

Im Hochmittelalter herrscht entlang der Ostseeküsten ein reger Seeverkehr. Skandinavische, slawische, baltische und russische Händler laufen die kleineren und größeren Häfen und Buchten an. Die Insel Gotland vor der schwedischen Küste hat sich zur Drehscheibe des Handels entwickelt. Auch deutsche Kaufleute schätzen den geografisch günstig gelegenen Handelsplatz als Anlaufpunkt. Denn ohne Kom-

One of the origins of the Hanse can be situated at the mouth of the river Neva in north-west Russia. At the end of the 12th century, ships sailed by Low German merchants cast anchor where today the buildings of the metropolis St Petersburg line the embankments. In fact the merchants' real destination is another 400 kilometres upriver: Novgorod, the capital of the eponymous principality in the medieval Kievan Rus' and a centre of trade in wax and furs. These articles come from its densely forested hinterland and were much sought-after in the **Holy Roman Empire**, ☰ especially among the nobility and clergy. Spices and fine silk fabric also entered the city via the northern routes of the Silk Road. Merchants from Lübeck, Münster, Dortmund and many other Low German towns bring cloth, metalware, foodstuffs such as salt, herring and grain, and above all silver to Russia to barter for these luxury goods.

In the High Middle Ages the Baltic coast sees considerable maritime traffic. Scandinavian, Slavic, Baltic and Russian merchants call at ports and harbours both large and small. The island of Gotland off the coast of Sweden has become a busy trading hub. German merchants also appreciate its good geographical location and use the island as a stopping point. Because without compasses or accurate charts at the time, the mariners in northern Europe navigate by reference to the stars and the coastlines; knowledge which is handed down from one generation to the next. They cannot cover long distances out of sight of land. So the merchants begin their crossing to Russia from Gotland. On a clear night, when the pole star appears in the northern sky, they set sail in their cogs.

Map labels

Bergen

NOWGOROD
NOVGOROD

VISBY

Moskau
Moscow

Smolensk

Bolgar

London

LÜBECK

Köln
Cologne

Berlin

Kiew

Mainz

Paris

Venedig
Venice

Genua

Madrid

Konstan-
tinopel

Kaschgar

Dunhuang

Peking
Beijing

Kabul

Tunis

Bagdad

Alexandria

N

1000 km

---- Handelswege der niederdeutschen Kaufleute nach Nowgorod

Trade routes of the Low German merchants to Novgorod

---- Handelswege zwischen dem Orient und Europa

Trade routes between the Orient and Europe

Nowgorod ist eine der ältesten Städte Russlands und seit Ende des 10. Jahrhunderts ein bedeutendes Handelszentrum. Über die uralten orientalischen Fernhandelswege – besonders die Seidenstraße – gelangen zahlreiche Luxusgüter nach Russland.

Novgorod is one of the oldest cities in Russia and was an important trading centre at the end of the 10th century. A vast range of luxury goods flows into Russia via ancient oriental trading routes, especially the Silk Road.

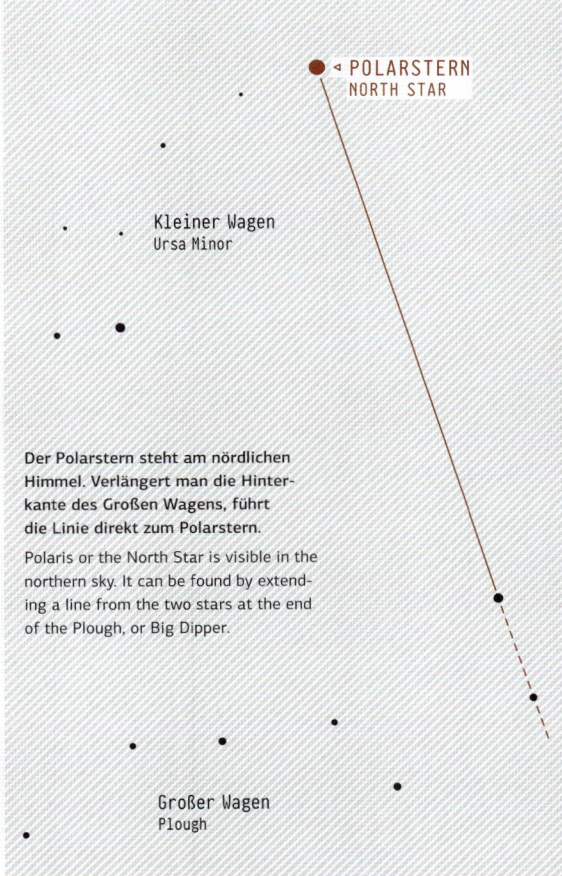

◄ POLARSTERN
NORTH STAR

Kleiner Wagen
Ursa Minor

Der Polarstern steht am nördlichen Himmel. Verlängert man die Hinterkante des Großen Wagens, führt die Linie direkt zum Polarstern.

Polaris or the North Star is visible in the northern sky. It can be found by extending a line from the two stars at the end of the Plough, or Big Dipper.

Großer Wagen
Plough

Orientierung auf See
Navigation at sea

Im 13. Jahrhundert orientieren sich die Seeleute an den Küstenlinien. Nur in den Nachtstunden, wenn der Polarstern am Himmel steht, können sie das offene Meer überqueren.

Sie halten ihr Schiff stets im gleichen Winkel zum Stern. Die genaue Abfahrtszeit darf der Schiffer nicht verpassen, denn wenn der Polarstern am Morgen verblasst, muss die gegenüberliegende Küste bereits in Sicht sein.

In the 13th century the mariners follow the coast. Only at night, when the North Star is visible, can they cross the open sea.

The ship is always kept at the same angle to the star. The skipper has to set off at exactly the right time, because the opposite shore must be in sight when the star fades in the morning.

Modell einer im dänischen Kollerup gefundenen Kogge, deren Baujahr sich auf 1150 datieren lässt. Koggen entwickeln sich zwischen dem 12. und 14. Jahrhundert wegen ihrer großen Tragfähigkeit zum beliebtesten Schiffstyp der Händler in Nordeuropa.

Model of a cog found in Kollerup, Denmark and dated to 1150. Between the 12th and 14th centuries the cog is the most popular merchant vessel in Northern Europe thanks to its great tonnage.

 Privileg
Privilege

Ein Recht, das meist in Form einer Urkunde von einem Herrscher gewährt wird. Privilegien sind das Fundament der Hanse. Die Kaufleute versuchen vor allem folgende Privilegien zu erhalten: Gründung von Handelsniederlassungen, Zollvergünstigungen, freien Im- und Export von Waren, freien Handel mit allen Fremden und Einheimischen.

A special right, mostly granted by a ruler in the form of a deed. Privileges are the basis of the Hanse. The Low German merchants are particularly keen to obtain the following rights: establishment of a trading post, lower customs duties, free import and export of goods, freedom to trade with all foreigners and locals.

pass und genaue Karten orientieren sich die Seeleute in Nordeuropa zu dieser Zeit am Himmel und an den Küstenlinien, deren Verlauf über Generationen weitergegeben wird. Lange Strecken ohne Landsicht können sie nicht zurücklegen. Ihre Überfahrt nach Russland starten die Fernhändler daher von Gotland aus. Bei klarer Nacht, wenn der Polarstern im Norden am Himmel erscheint, stechen sie mit ihren Koggen in See.

Erste Schritte zur Hanse

Wochen, oft Monate dauert die gefährliche Reise, auf der die Kaufleute nicht selten mit Überfällen rechnen müssen. Schwer bewaffnet begleiten sie ihre kostbare Fracht und segeln im Konvoi über die Ostsee – so können sie sich im Notfall gegenseitig schützen. Nicht nur auf dem Weg nach Russland, auch andernorts bilden Fernhändler auf ihren Reisen Fahrtgemeinschaften, die im Nord-

Initial steps towards the Hanse

The dangerous crossing takes weeks, sometimes months, during which the merchants also have to anticipate attacks. Heavily armed to guard their valuable cargo, they sail across the Baltic in a convoy – so they can protect each other in an emergency. It is not only en route to Russia that long-distance merchants form travelling groups, but also elsewhere in north-western Europe, where they are known as *hansen*, from the Old High German word for a group or band of people. Generally the groups are made up of merchants from the same town. So for instance it is recorded that King Henry II of England granted merchants from Cologne the **privilege**☰ of establishing their own trading post, the *Guildhall*, in London in 1176.

But something new happens at the mouth of the river Neva: this is the first time that merchants from different towns form a joint alliance. As soon as they reach the territory of the prince of Novgorod they elect a joint president, the *alderman*, who is to represent their interests at their destination. Such associations, which are known as an *Einung*, a union or guild, are generally sealed by an oath and are a very common organisational form in the Middle Ages. However, an association made up of merchants from different towns is a new step on the way towards a pan-regional trading alliance.

Protection by privilege

Forming an association not only enables the merchants to protect themselves better while travelling; it also means they are accepted as business partners by the local rulers. Because pirates and robbers are not the only threat to the merchants' profits: the local laws often offer no protection to foreign merchants if disputes arise with trading partners or local rulers. As an association of travellers, however, the merchants are accepted as contractual partners by the local rulers and can put their business transactions on a legal footing. One of the first surviving commercial treaties

westen Europas als *hansen* bezeichnet werden – ein Begriff, der auf das althochdeutsche Wort für *Schar* zurückgeht. In der Regel schließen sich dabei Kaufleute zusammen, die aus der gleichen Heimatstadt kommen. So ist beispielsweise aus England überliefert, dass Kaufleute aus Köln bereits 1176 von König Heinrich II. das **Privileg**⹂ erhalten, in London ihre eigene Niederlassung, die *Gildehalle*, zu gründen.

An der Mündung der Newa jedoch passiert etwas Neues: Erstmals ist überliefert, dass sich hier Kaufleute aus verschiedenen Herkunftsstädten zusammenschließen. Sobald sie das Herrschaftsgebiet des Fürsten von Nowgorod erreichen, wählen sie für die Zeit ihres Aufenthalts einen gemeinsamen Vorsteher, den *Ältermann*, der ihre Interessen am Zielort vertreten soll. Solche genossenschaftlichen Zusammenschlüsse, die als *Einung* bezeichnet und in der Regel mit einem Schwur

besiegelt werden, sind im Mittelalter eine ganz übliche Organisationsform. Eine Gemeinschaft, in der sich Kaufleute aus verschiedenen Städten zusammenschließen, ist jedoch ein neuer Schritt auf dem Weg zu einem überregionalen Handelsbündnis.

Schutz durch Privilegien

Durch ihren Zusammenschluss können sich die Kaufleute nicht nur auf Reisen besser schützen, sie werden von den Herrschern vor Ort auch als Vertragspartner akzeptiert. Denn nicht nur Piraten und Räuber drohen die Fernhändler um ihren Gewinn zu bringen: Kommt es zum Streit mit Handelspartnern oder örtlichen Machthabern, bietet die lokale Rechtsprechung auswärtigen Händlern oft keinerlei Schutz. Als Fahrtgemeinschaft können die Kaufleute jedoch Verträge mit den Herrschern vor Ort abschließen und ihre Geschäfte rechtlich absichern.

from Russia dates from 1191/1192 and was signed by the prince of Novgorod, Low-German and Gotlandic merchants. It was followed by many others granting the merchants special rights, such as protection from highwaymen, arbitrary arrest or excessive taxes. They enabled the merchants to reduce the risk of doing business and so gain a competitive advantage over other traders. Furthermore, they are permitted to set up their own trading post in Novgorod, known as *St Peter's Yard*.

The Hanseatic trading stations

The yard in Novgorod is the first joint trading post established by Low-German merchants. Other important *kontors*, as these posts are known from the 16th century, are built thereafter in Bruges, Bergen and London. The *Guildhall* in London is operated by merchants from Cologne and is probably also used by traders from other towns from the mid-13th century onwards. Smaller outposts are also established in many other locations, including Lynn and Boston in England, Bourgneuf and La Rochelle in France, Pleskov in Russia and Kaunas in Lithuania. Over the centuries a total

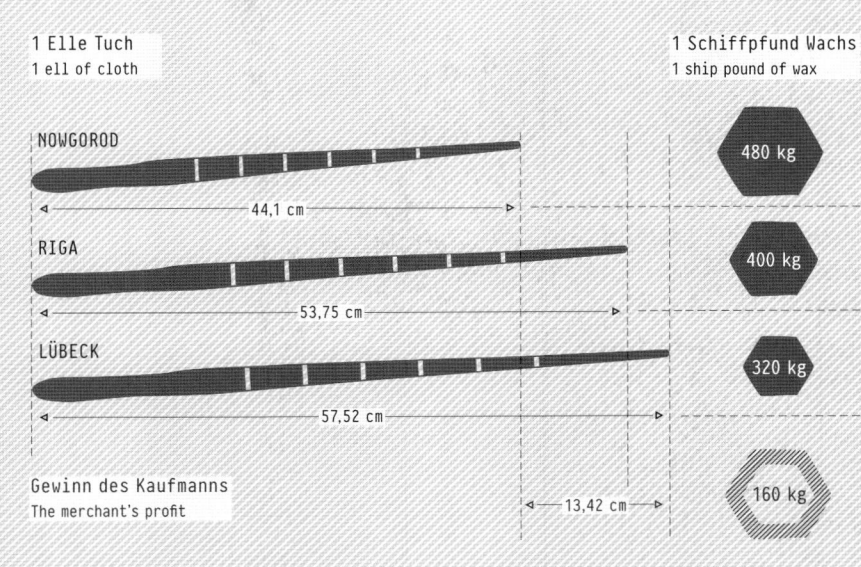

1 Elle Tuch
1 ell of cloth

1 Schiffpfund Wachs
1 ship pound of wax

NOWGOROD
44,1 cm
480 kg

RIGA
53,75 cm
400 kg

LÜBECK
57,52 cm
320 kg

Gewinn des Kaufmanns
The merchant's profit
13,42 cm
160 kg

📊 Gewinnsteigerung
Boosting profits

In fast allen Städten, in denen die niederdeutschen Kaufleute Handel treiben, gelten unterschiedliche Maße und Gewichte. Wer seine Ware dennoch überall zum gleichen Preis pro Elle bzw. Schiffpfund verkauft, kann zusätzlichen Gewinn einstreichen. Eventuell haben die Kaufleute so ihren Profit verschleiert, denn die christliche Lehre verbietet es ihnen, durch Handel Gewinn zu erzielen.

Different weights and measures apply in almost all the towns where the Low German merchants trade. Anyone who sells their goods at the same price per ell or ship's pound everywhere can earn an extra profit. Maybe the merchants also conceal their earnings in this way, because Christian doctrine forbids them to profit from trading.

M 1 : 2

Birkenrinde wird in Now-gorod zum Beschreiben so selbstverständlich verwendet wie heute Papier. Gut möglich, dass niederdeutsche Kaufleute diese Schreib-praxis übernehmen. Diese Birkenrinde ist bisher jedoch der einzige Fund in lateinischer Sprache.

In Novgorod birch bark is used for writing as paper is today. Quite possible that Low German merchants adopt this practice, but this is the only document written in Latin that has been found to date.

Birkenrindendokument
Birch bark document

FUNDORT _____ Gotskij-Grabung, Now-gorod, ehemaliges Areal des deutschen Kontors, 1968–1970

DATIERUNG ____ 1380–1400

MATERIAL _____ Birkenrinde

LEIHGEBER ____ Staatliches Vereinigtes Museumsreservat der Stadt Nowgorod

PLACE FOUND ___ Gotski dig in Novgorod on the site of the former German kontor, 1968–1970

DATE _____ 1380–1400

MATERIAL _____ Birch bark

LENDER _____ State United Museum Reserve of the City of Novgorod

Das Birkenrindendokument enthält liturgische Aufzeichnungen in lateini-scher Sprache – skizzenartig notierte Gesänge anlässlich eines katholischen Kirchenfestes. Vermutlich stehen sie mit der zum Peterhof gehörenden St. Peterskirche in Verbindung. Neben der Kirche, die auch als Warenlager und Aufbewahrungsort der Kontorkasse dient, befinden sich ein Krankenhaus sowie Wohn- und Wirtschaftsbauten auf dem Gelände, das von einer Pali-sade aus Baumstämmen mit einem Durchmesser von bis zu 50 Zentimetern umgeben ist. Zahlreiche Gerichtsver-handlungen befassen sich mit Über-fällen auf die ausländischen Höfe in Nowgorod und die Zerstörung der Pfahlzäune, obwohl der Peterhof gut bewacht ist: Nachts stehen zwei be-waffnete Kaufleute vor der Kirche und Wachhunde laufen über das Gelände.

Zwischen deutschen Kaufleuten und Nowgorodern entwickeln sich nicht nur Geschäftskontakte, sondern auch private Verbindungen. So wohnen die deutschen Lehrlinge häufig in den Häu-sern der Nowgoroder, wo sie Grundla-gen der Handelstätigkeit und die rus-sische Sprache erlernen. Beliebt ist bei den Nowgorodern auch das deutsche Bier, wofür die Tatsache spricht, dass sie es sich von den niederdeutschen Kaufleuten nicht selten als Zeichen der Anerkennung wünschen.

The birch bark document contains litur-gical texts written in Latin – hymns noted rapidly during a Catholic feast. They are probably related to St. Peter's Church, which stood in St. Peter's Yard. In addition to the church, which also served as a ware-house and a repository for the kontor's strongbox, the site housed an infirmary as well as residential and commercial build-ings. It was surrounded by a palisade made of tree trunks up to 50 cm in diameter. Many court records deal with attacks on the foreigners' trading posts in Novgorod and the destruction of the palisades – even though St. Peter's Yard is well guarded. At night two armed men are posted in front of the church and guard dogs roam the enclosure freely.

Not only business contacts but also personal relationships develop between German merchants and the residents of Novgorod. So German apprentices often live in local houses, where they learn the basics of their trade and the Russian language. German beer is also popular with the Novgorod citizens, as can be seen by the fact that they frequently ask the Low German merchants to supply some as a token of their esteem.

CONSTANTIN STANISLAWOWITSCH

ist promovierter Historiker und wissenschaftlicher Leiter der Abtei-lung für Bestandsaufbau, Erforschung und Popularisierung der Sammlungen des Museumsreservats Nowgorod. Interkulturelle Kontakte zwischen Russland und Westeuropa in der Neuzeit zählen zu seinen Hauptinteressen.

Constantin Stanislaslovich holds a PhD in history and is Scientific Director for Acquisitions, Research and Popularisation of the Collections of the Novgorod Museum Reserve. One of his main interests are relations between Russia and Western Europe in the modern era.

Aus Russland ist ein erster Handelsvertrag zwischen dem Fürsten von Nowgorod und niederdeutschen und gotländischen Fernhändlern aus dem Jahr 1191/1192 überliefert. Zahlreiche weitere folgen, in denen den Kaufleuten Sonderrechte sowie Schutz auf den Verkehrswegen, vor willkürlichen Verhaftungen oder überteuerten Gebühren gewährt werden. So senken die Kaufleute ihr Geschäftsrisiko und erlangen wirtschaftliche Vorteile gegenüber anderen Händlern. Zudem erhalten sie in Nowgorod die Erlaubnis, ihre eigene Niederlassung zu gründen, den *Peterhof*.

Die Kontore der Hanse

Der Hof in Nowgorod ist die erste gemeinsame Niederlassung der niederdeutschen Kaufleute. Weitere wichtige Kontore, wie die Höfe seit dem 16. Jahrhundert genannt werden, entstehen in den folgenden Jahrhunderten in Brügge, Bergen und London, wo die bereits bestehende *Gildehalle* der Kölner wohl seit Mitte des 13. Jahrhunderts auch von Kaufleuten anderer Städte mitgenutzt wird. An vielen weiteren Standorten gründen die Fernhändler zudem kleinere Niederlassungen, beispielsweise in Lynn und Boston in England, in Bourgneuf und La Rochelle in Frankreich oder in Pleskau in Russland und Kaunas in Litauen. Insgesamt 44 kleinere Niederlassungen und vier große Kontore entstehen im Laufe der Jahrhunderte. Sie sind die erste Anlaufstelle für niederdeutsche Kaufleute im Ausland und bilden, wie in Nowgorod, in einigen Städten einen eigenen Rechtsraum – die örtlichen Gewalten haben dort keinen Zugriff.

Eine Kontorsordnung, die von den Kaufleuten gemeinsam verfasst wird, regelt die Organisation der Niederlassung. Die vier großen Kontore besitzen ein Siegel, eine Satzung und eine gemeinsame Kasse. Kommt es untereinander zum Streit, entscheidet die Kontorgemeinschaft über das weitere Vorgehen. Die gewählten *Älterleute* achten darauf, dass sich die Kaufleute und ihre Handelspartner vor Ort an die Privilegien halten. Gerät ein Kaufmann in Not, steht ihm die Gemeinschaft in der Regel bei.

Die älteste überlieferte Hofordnung für den *Peterhof*, auch *Schra* genannt, stammt ungefähr aus dem Jahr 1268. In der Vorrede wird erwähnt, dass neben dem *Ältermann* für den Hof ein weiterer *Ältermann* für die St. Peterskirche gewählt wird, in der die Kaufleute auch ihre Waren lagern. Zu seinen Aufgaben zählt es, alle Handelsgüter zu besehen und zu prüfen, die in den *Peterhof* gebracht werden.

of 44 smaller outposts and four large *kontors* are built. They are the first point of call for Low German merchants abroad and in some towns, such as Novgorod, they have their own jurisdiction – the powers of the local authorities do not extend to them.

Internal regulations, adopted jointly by the merchants, govern the organisation of the trading post. Each of the four major *kontors* has a seal, articles of association and a joint treasury. In the event of disputes it is the community of the *kontor* that decides on how to proceed. Elected *aldermen* ensure that the merchants and their local trading partners respect the privileges. If a merchant gets into difficulties the community generally supports him.

The oldest surviving regulations of *St Peter's Yard*, also known as a *Schra*, date from around 1268. In the preamble they state that in addition to the *alderman* for the yard, another *alderman* is to be elected for St Peter's Church, where the merchants also store their goods. His duties include the inspection and examination of all the merchandise brought into *St Peter's Yard*.

Müssen die Seeleute warten, zum Beispiel auf günstigen Wind, vertreiben sie sich die Zeit an Bord mit Brettspielen.

If the sailors have to wait, for favourable winds for instance, they pass the time with board games.

Städteboom im Mittelalter
Medieval building boom

Handel und Gesellschaft verändern sich in der Zeit vom 11. bis zum Ende des 13. Jahrhunderts grundlegend. Mit neuen Agrartechniken können in der Landwirtschaft erstmals größere Überschüsse erzeugt werden. Die Bevölkerung in Europa wächst rasant, von etwa 46 Millionen Menschen um 1050 auf rund 73 Millionen um 1300. Überall entstehen neue Städte. Siedler ziehen aus den bereits urbanisierten Gebieten im Westen in den Osten und Nordosten Europas. Ein etwa eineinhalb Jahrhunderte dauernder Migrationsprozess beginnt, der regional sehr unterschiedlich verläuft. In Lübeck beispielsweise kommen Einwanderer nach der Stadtgründung im Jahr 1143 auf Bitten des Landesherrn Graf Adolf II. von Schauenburg in die durch zahlreiche Kriege entvölkerte Region. Offenbar sind es viele, die seinem Aufruf folgen, denn bereits knapp 60 Jahre später wird die Halbinsel zwischen Trave und Wakenitz um ein Drittel erweitert.

Um 1200 wird ein Großbauprojekt gestartet, um neues Bauland zu gewinnen: Teile der Flussniederungen werden trockengelegt, durch Holzstämme gesichert und mit schätzungsweise zwei Millionen Kubikmetern Erdreich aufgeschüttet – ein ungeheurer Aufwand, der den Einsatz unzähliger Arbeitskräfte erfordert haben muss. 1217 beginnen die Bewohner mit dem Bau einer die gesamte Stadt umschließenden Mauer. Sie dient nicht nur der Verteidigung, sondern grenzt auch einen eigenen Rechts- und Wirtschaftsraum vom Umland ab. Die Bürger in den Städten genießen besondere Rechte. Sie können Grundbesitz erwerben und vererben und sind innerhalb der Stadtmauern vor dem Zugriff der Grafen und anderer Territorialherren geschützt. Doch nicht jeder Stadtbewohner wird automatisch zum Bürger. Wer zum Beispiel als Geselle, Knecht, Magd oder Tagelöhner nicht wirtschaftlich selbstständig ist, bleibt vom Bürgerrecht und damit von jeglicher Mitbestimmung in der Stadt ausgeschlossen. Frauen können nur in Ausnahmefällen ein eigenständiges Bürgerrecht erwerben.

Kreuzzüge schaffen neue Märkte

In Mittel- und Osteuropa verläuft der Landesausbau aggressiv: Die slawischen und baltischen Völker werden seit Ende des 12. Jahrhunderts mit rigoroser Gewalt dem

Commerce and society undergo radical changes in the period from the 11th to the end of the 13th century. New farming techniques make it possible to generate significant surpluses from agricultural production for the first time. The European population grows rapidly, from some 46 million around 1050 to some 73 million around 1300. New cities spring up everywhere. Settlers move from existing urban areas in the west to the east and north-east of Europe. A process of migration begins, which goes on for around 150 years and varies considerably from one region to another. In Lübeck, for instance, which was founded in 1143, many immigrants arrive at the request of the local ruler Count Adolf II of Schauenburg, who wants to boost a region depopulated by numerous wars. There must have been a large number of them, because just 60 years later the peninsula between the rivers Trave and Wakenitz is expanded by a third of its surface area.

A large-scale land reclamation project is launched around 1200. Parts of the low-lying land by the river are drained, secured by wooden piles and filled in with an estimated two million cubic metres of earth. It is an enormous endeavour, which must have required the employment of countless labourers. In 1217 the inhabitants begin to build a wall around the entire city. It not only serves to defend the city, but also to demarcate its jurisdiction and economic system from the surrounding area. Citizens in the towns enjoy special rights. They can buy and bequeath land, and within the city walls they are protected from the authority of counts and other local rulers. But not every inhabitant of a town automatically becomes a citizen. Anyone who works as an employed craftsman, a squire, maid or labourer, and so is not their own master, cannot hold citizen's rights and is excluded

---

Lübeck 1226

Durch den Fernhandel reich geworden, können sich Kaufleute jetzt Häuser aus Backstein leisten. Vorlage für die Wand auf der linken Seite ist die ursprüngliche Fassade eines der ältesten Häuser Lübecks, in dem sich heute das Hotel Anno 1216 befindet.

Thanks to their trading wealth the merchants can now afford houses of brick. The wall on the left is based on the original façade of one of the oldest houses in Lübeck, which is now the hotel anno 1216.

christlichen Glauben unterworfen. 1201 gründet der bremische Domherr Albert von Buxhövden ein Bistum sowie die Stadt Riga und macht sie zum Stützpunkt für weitere Kreuzzüge. Auch Kaufleute beteiligen sich aktiv an den Kämpfen und der Besiedlung der eroberten Region. So notiert der Chronist Heinrich von Lettland für das Jahr 1208: „Von der ersten Heerfahrt nach Estland. [...] begaben sich die Rigischen mit den Brüdern des Ordens, mit Theoderich, dem Bruder des Bischofs, mit den Kaufleuten und anderen Deutschen nach Treyden, riefen ein starkes und großes Heer aus ganz Livland und Lettgallen zusammen, zogen bei Tag und Nacht und kamen nach Ugaunien; sie plünderten die Dörfer, töteten die heidnischen Menschen und rächten so mit Feuer und Schwert das ihnen angetane Unrecht." Die Fernhändler profitieren von den Kreuzzügen und dem Zuzug deutscher Siedler in die Gebiete des heutigen Baltikums, denn für sie erschließen sich damit neue Märkte. Viele der neu

gegründeten Städte an der Ostseeküste erhalten zudem das Lübische Stadtrecht, dessen Erbregelungen, Vertrags-, Markt- und Güterrecht perfekt auf die Bedürfnisse des Handels zugeschnitten sind.

Politische Macht und Handelsinteressen

Im Verlauf des 13. Jahrhunderts beginnen die Kaufleute, nicht mehr selbst an jeden Handelsplatz zu reisen. Den Transport ihrer Waren übernehmen jetzt spezialisierte Auftragnehmer und den Verkauf am Zielort Gesellen oder jüngere Handelspartner. Der Senior hingegen bleibt zu Hause und erledigt seine Geschäfte von der Schreibkammer in der Diele seines Hauses aus.

Der Bohlenweg, auch Knüppeldamm genannt, wurde anhand archäologischer Befunde in der Straße Große Gröpelgrube in Lübeck rekonstruiert.

The boardwalk is a reconstruction based on archaeological finds from a street called Große Gröpelgrube in Lübeck.

from all decision-making in the town. Women can only become citizens in their own right in exceptional cases.

Crusades create new markets

Central and eastern Europe experienced a process of aggressive colonisation: the Slavic and Baltic peoples were converted to Christianity with brute force from the late 12th century onwards. In 1201 the canon of Bremen, Albert von Buxhövden, founded the bishopric and city of Riga and made it his base for further crusades. Merchants were also actively involved in the conquest and settlement of the region. In the chronicle of Henry of Livonia, for example, an entry from the year 1208 reads: "Of the first military expedition to Estonia. [...] the Rigaers with the brothers of the Order, with Theodoric, the brother of the Bishop, with the merchants and other Germans went to Turaida, summoned a large and mighty army from all Livonia and Latgale, marched by day and by night and came to Ugandi; there they plundered the villages, killed the heathen people and so avenged with fire and sword the injustice done to them." The long-distance merchants profit from the crusades and the migration of German settlers to the areas that are now the Baltic states, because they open up new markets. Many of the newly founded towns on the Baltic coast also adopt Lübeck law. Its rules on inheritance, contracts, markets and property are perfectly adapted to the needs of commerce.

Political power and commercial interests

Over the course of the 13th century the merchants gradually stop travelling to every trading centre themselves. Their goods are now transported by specialised shippers and sold at their destination by other traders or junior partners. The senior partner himself stays at home and conducts his business from the office in the hall of his house. For one thing this means he can now sell more goods in more places simultaneously and so amass greater wealth.

Städte und Bevölkerung
Towns and Population

Eine Welle von Stadtgründungen zieht sich im 13. Jahrhundert durch Europa, rund 4.000 neue Städte entstehen im Heiligen Römischen Reich.

Zwischen 1200 und 1300 wächst die Bevölkerung Europas um 20 Prozent. Im Zuge dieser Entwicklung werden Wälder gerodet und Sumpfgebiete urbar gemacht. Immer mehr Menschen zieht es zudem in die Städte.

A wave of new towns spread through Europe in the 13th century. Some 4,000 new towns were founded in the Holy Roman Empire.

Europe's population grows by about 20 per cent between 1200 and 1300. Forests are cleared and swamps turned into arable land as part of this development. At the same time more and more people move into towns.

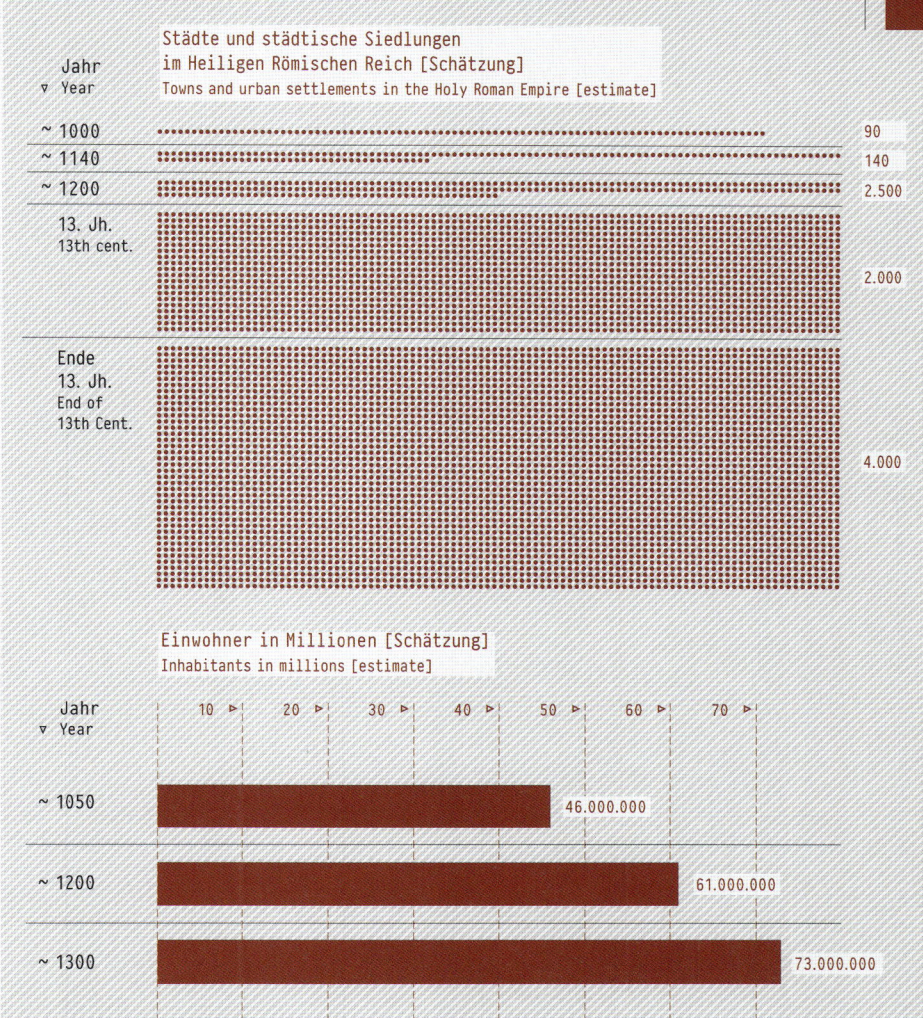

Städte und städtische Siedlungen im Heiligen Römischen Reich [Schätzung]
Towns and urban settlements in the Holy Roman Empire [estimate]

Jahr / Year	
~ 1000	90
~ 1140	140
~ 1200	2.500
13. Jh. / 13th cent.	2.000
Ende 13. Jh. / End of 13th Cent.	4.000

Einwohner in Millionen [Schätzung]
Inhabitants in millions [estimate]

Jahr / Year: 10 ▷ 20 ▷ 30 ▷ 40 ▷ 50 ▷ 60 ▷ 70 ▷

~ 1050	46.000.000
~ 1200	61.000.000
~ 1300	73.000.000

Handelsgut Salzhering
Salted herring is a commodity

Neben Wachs, Pelzen, Getreide und Bier zählen **Heringe und Salz** zu den wichtigsten Handelsgütern der niederdeutschen Kaufleute. Im dänischen, heute schwedischen, Schonen kaufen sie den Fischern Heringe in großen Mengen ab und erzielen so bessere Einkaufspreise als ihre Konkurrenten. Aus Lüneburg lassen die Kaufleute Salz nach Schonen liefern, um die Heringe vor Ort einzusalzen. Über den Lübecker Hafen werden die gesalzenen Fische an die Abnehmer im Binnenland transportiert.

As well as wax, furs, grain and beer, **herring and salt** are among the most important goods traded by the Low German merchants. In Scania, then in Denmark, now in Sweden, they buy large quantities of herring from local fishermen, which enables them to get better prices than their competitors. They have salt brought from Lüneburg to Scania to salt the fish locally. Via the port of Lübeck the salted fish are then transported to customers in the hinterland.

VISBY

SCHONEN
SCANIA

OSTSEE
BALTIC SEA

LÜBECK

LÜNEBURG

N

ᛈ

Silberner Pferdeschmuckanhänger
Silver bridle ornament

FUNDORT _____ Areal des Europäischen
Hansemuseums, 2013

DATIERUNG _____ 13. Jahrhundert

MATERIAL _____ Silber

LEIHGEBER _____ Bereich Archäologie und Denkmalpflege
der Hansestadt Lübeck

PLACE FOUND _____ Site of the European Hansemuseum, 2013

DATE _____ 13th century

MATERIAL _____ Silver

LENDER _____ Archaeology and Listed Buildings Department
of the Hanseatic City of Lübeck

M 2:1

**Das nur etwa 3,5 Zentimeter
große Schmuckstück wurde
bei Grabungen auf dem Areal
des Europäischen Hansemuseums
in Erdschichten gefunden, die
als ehemaliger Anlandeplatz für
Schiffe an der Trave unterhalb
der ehemaligen deutsch-dänischen
Burg interpretiert werden.**

This ornament, just 3.5 centimetres
in size, was found during the
excavation work on the site of the
European Hansemuseum. It was
preserved in layers that are thought
to have been a mooring berth for
ships on the river Trave, below the
former German-Danish castle.

Der kleine Silberanhänger zählt neben
weiteren Fundstücken wie Pfeilspitzen,
Armbrustbolzen, Gürtelschnallen und
einem Reitersporn zur Militärausstat-
tung von Rittern und einfachen Solda-
ten. Auf der Vorderseite ist ein Wappen
zu sehen: drei sehr filigran in Form von
Herzen gearbeitete Seerosen. Nach-
forschungen haben ergeben, dass es
wahrscheinlich den Grafen von Brehna
und Wettin zuzuschreiben ist, deren
Sitz im heutigen Sachsen-Anhalt liegt.
Eine abgebrochene Öse deutet zudem
darauf hin, dass das Schmuckstück als
Anhänger, vermutlich am Zaumzeug
eines Pferds getragen wurde.

Seit Ende des 12. Jahrhunderts
werden von Lübeck aus Ritter in die
Gebiete des heutigen Est- und Lett-
lands entsendet, um die slawischen
und baltischen Völker an der Ostseeküste gewaltsam dem christlichen
Glauben zu unterwerfen. 1226 verbrieft
Papst Honorius III. in einer Urkunde
den besonderen Status Lübecks als
Ausgangshafen für die Kreuzzüge, von
denen die gesamte Stadt profitiert –
insbesondere die Kaufleute. Historische Quellen belegen, dass 1228/29
unweit der ehemaligen Burg und der
Trave der sogenannte Pockenhof, das
Haus des Deutschen Ordens, eingerichtet wird. Hier quartieren sich die
Ordensritter ein und warten auf ihre
Einschiffung. Vermutlich gehen sie voll
ausgerüstet mit ihren Waffen und Pfer-
den an Bord – und dabei fällt das ein
oder andere Hab und Gut zu Boden.

Alongside other finds including arrow
heads, crossbow bolts, belt buckles and a
spur, the small silver ornament was part
of the military equipment of knights and
ordinary soldiers. A coat of arms can be
seen on the front: three very delicately
drawn water lilies in the form of hearts.
Research has shown that it probably comes
from the Counts of Brehna and Wettin,
whose residence was situated in what is
now Saxony-Anhalt. A broken eyelet also
suggests that the ornament was worn as
a badge, probably on a horse's bridle.

From the late 12th century onwards
knights depart from Lübeck for the
territories that are now Estonia and
Lithuania. They are sent to these coastal
regions to convert the Slavic and Baltic
peoples to Christianity by force. Pope
Honorius III documents Lübeck's special
status as a port of departure for the Baltic Crusades in a deed dating from 1226,
which benefits the whole town and especially the merchants. Sources show that
the House of the Teutonic Order, known
as the Pockenhof, is built in 1228/1229
not far from the former castle and the
river Trave. Here the Teutonic Knights
are lodged until they can board their
ships. They probably go on board fully
equipped, with all their weapons and
horses; occasionally losing some things
on the way.

ANDRÉ DUBISCH

ist wissenschaftlicher Mitarbeiter
am Europäischen Hansemuseum.
Den Pferdeschmuckanhänger hat
er als Leiter der archäologischen
Grabung auf dem Areal selbst
ausgegraben und war überrascht – so nah am
Trave-Ufer hätte er solch ein besonderes Schmuckstück nicht erwartet.

André Dubitsch is a scientific researcher at the
European Hansemuseum and led the archaeological
dig on the site. He excavated the bridle ornament
himself and was surprised to find such an interesting
piece so close to the banks of the Trave.

So kann er zum einen an verschiedenen Orten gleichzeitig deutlich mehr Waren verkaufen als zuvor und große Vermögen erwirtschaften. Zum anderen bleibt ihm durch die neue Arbeitsteilung Zeit, um sich als Ratsherr in die Politik seiner Heimatstadt einzumischen. Vor allem in den Hafenstädten gewinnen die Fernhändler jetzt zunehmend politischen Einfluss. In Lübeck entscheidet der Rat weitgehend autonom über die Belange der Stadt, nachdem die Trave-Stadt 1226 die sogenannte **Reichsfreiheit**☰ erlangt.

Auch Handwerker gelangen in den Städten durchaus zu Wohlstand, politisch aber bleiben sie in vielen Fällen machtlos. Das führt in den folgenden Jahrhunderten immer wieder zu sozialen Unruhen. In Lübeck fälschen die Ratsherren sogar eine Ratswahlordnung, um Handwerker und andere soziale Gruppen über Jahrhunderte von der Wahl in den Rat auszuschließen. Der weitaus größte Teil der Stadtbevölkerung, nämlich alle Einwohner ohne Bürgerrechte sowie die Familienangehörigen der Bürger, bleibt ohnehin von jeglicher Mitbestimmung ausgeschlossen – in Lübeck sind das im 14. und 15. Jahrhundert rund 84 Prozent der Stadtbewohner. Die Gruppe der Kaufleute macht mit 2,5 Prozent dagegen einen verschwindend geringen Anteil an der Stadtbevölkerung aus.

Als Ratsherren aber können die Fernhändler ihre politische Macht sowie die finanziellen und militärischen Ressourcen der Stadt nutzen, um ihre Handelsinteressen zu fördern. So beginnen sie unter anderem, Privilegien an auswärtigen Handelsplätzen für die Kaufleute

Another change is that this new division of labour gives him time to get involved in the politics of his home town as a councillor. Long-distance traders now exercise increasing political influence, especially in port towns. In Lübeck the council has broad autonomy to govern the city following the **imperial immediacy**☰ granted in 1226.

Craftsmen can also become wealthy in the towns, but in many cases they remain politically powerless. This causes repeated outbreaks of unrest over the following centuries. In Lübeck the councillors even draw up fake voting regulations, which prevent craftsmen and other social groups from being elected to the city council for many centuries. The vast majority of the urban population, namely all the residents without civil rights and the family members of the male citizens, are excluded from all political decision-making in any case – in Lübeck in the 14th and 15th centuries they account for some 84 per cent of the townspeople. By contrast, the merchants represent a small fraction, just 2.5 per cent, of the population.

But as councillors the long-distance traders can use their political power, as well as the financial and military resources of the city, to further their commercial interests. So they begin to acquire privileges in foreign trading centres for the merchants of their town – and so of course for themselves and their business partners. Mostly they are looking for protection while travelling and lower customs duties. Now anyone trading abroad does not have to be a member of a particular group of travellers to benefit from these privileges. In some commercial centres it is sufficient to be a citizen of a town that holds special rights awarded by the local ruler. In the mid-13th century the representatives of one town sometimes also negotiate on behalf of other towns.

Reichsfreiheit
Imperial immediacy

Reichsfreie Städte unterstehen keinem Stadtherrn, sondern direkt dem römisch-deutschen Kaiser. Sie besitzen weitgehende Autonomie.

Free imperial cities are not subject to a local ruler but answer directly to the Holy Roman Emperor. They enjoy wide autonomy.

Das kleine Medaillon mit Adlermotiv war einst Teil eines Minnekästchens und zeigt, dass einige der reichsten Lübecker Bürger im frühen 13. Jahrhundert eine ähnliche Lebensweise wie der Adel pflegen. Das Objekt wurde in den Achtzigerjahren bei Ausgrabungen in der Großen Petersgrube in Lübeck gefunden.

This small medallion featuring an eagle is part of a Minnekästchen or trinket box and shows that in the 13th century the richest Lübeck citizens have a similar lifestyle to the nobility. It was found in the 1980s during excavations in the Große Petersgrube in Lübeck.

In Lübeck werden 43 Hektar neues Bauland gewonnen: Teile der Flussniederungen werden trockengelegt, durch Holzstämme gesichert und mit schätzungsweise zwei Millionen Kubikmetern Erdreich aufgeschüttet. Die Landgewinnungsmaßnahmen wurden anhand archäologischer Funde an der Untertrave in Lübeck rekonstruiert.

43 hectares of new building land are reclaimed in Lübeck. Parts of the low-lying land by the river are drained, secured by wooden piles and filled in with an estimated two million cubic metres of earth. The land reclamation work portrayed here is based on archaeological finds at the Untertrave in Lübeck.

ihrer Stadt zu erwerben – und damit natürlich auch für sich selbst und ihre Handelspartner. Meist geht es dabei zunächst um den Schutz auf Reisen und geringere Zollzahlungen. Wer im Ausland Handel treibt, muss also nicht mehr zwingend Mitglied einer Fahrtgemeinschaft sein, um in den Genuss von Privilegien zu kommen. An bestimmten Handelsplätzen reicht es, Bürger einer Stadt zu sein, die vom örtlichen Herrscher Sonderrechte verliehen bekommen hat. Mitte des 13. Jahrhunderts beginnen die Vertreter einer Stadt teilweise, auch im Auftrag weiterer Städte für diese mitzuverhandeln. So reisen Gesandte aus Lübeck und Hamburg beispielsweise in den Jahren 1252 und 1253 zu Gräfin Margarete II. nach Flandern, um dort nicht nur für die Kaufleute aus ihren Heimatstädten, sondern auch für Händler aus Aachen, Köln, Dortmund, Münster und Soest sowie die Fahrtgemeinschaft der Gotland besuchenden Kaufleute Privilegien zu erwerben. Zwar gelingt es ihnen noch nicht, die Erlaubnis für die Gründung einer Niederlassung in Flandern zu bekommen, aber die Kaufleute der genannten Städte und der Fahrtgemeinschaft können in der Grafschaft von Zollerleichterungen und einer höheren Rechtssicherheit profitieren. So wird ihnen beispielsweise das Einklagen von Schulden erleichtert und sie werden vom Strandrecht≡ befreit.

So envoys from Lübeck and Hamburg visit Countess Margarete II of Flanders in 1252 and 1253 to obtain privileges not only for merchants from their own cities, but also for those from Aachen, Cologne, Dortmund, Münster and Soest and for the Gotland travellers. They are not yet able to get permission to establish a trading post in Flanders, but the merchants from the towns mentioned and the Gotland traders do benefit from lower customs duties and a stronger legal position. It becomes easier for them to sue their debtors for instance and their merchandise is exempt from the local **salvage rights.**≡

 Strandrecht
Salvage rights

Das Recht, sich an den Strand angeschwemmte Güter anzueignen. Im Mittelalter dürfen Küstenbewohner die Besatzung havarierter Schiffe zudem versklaven.

The right to appropriate goods washed up on the beach. In the Middle Ages the local residents were even allowed to take the crew of wrecked ships as slaves.

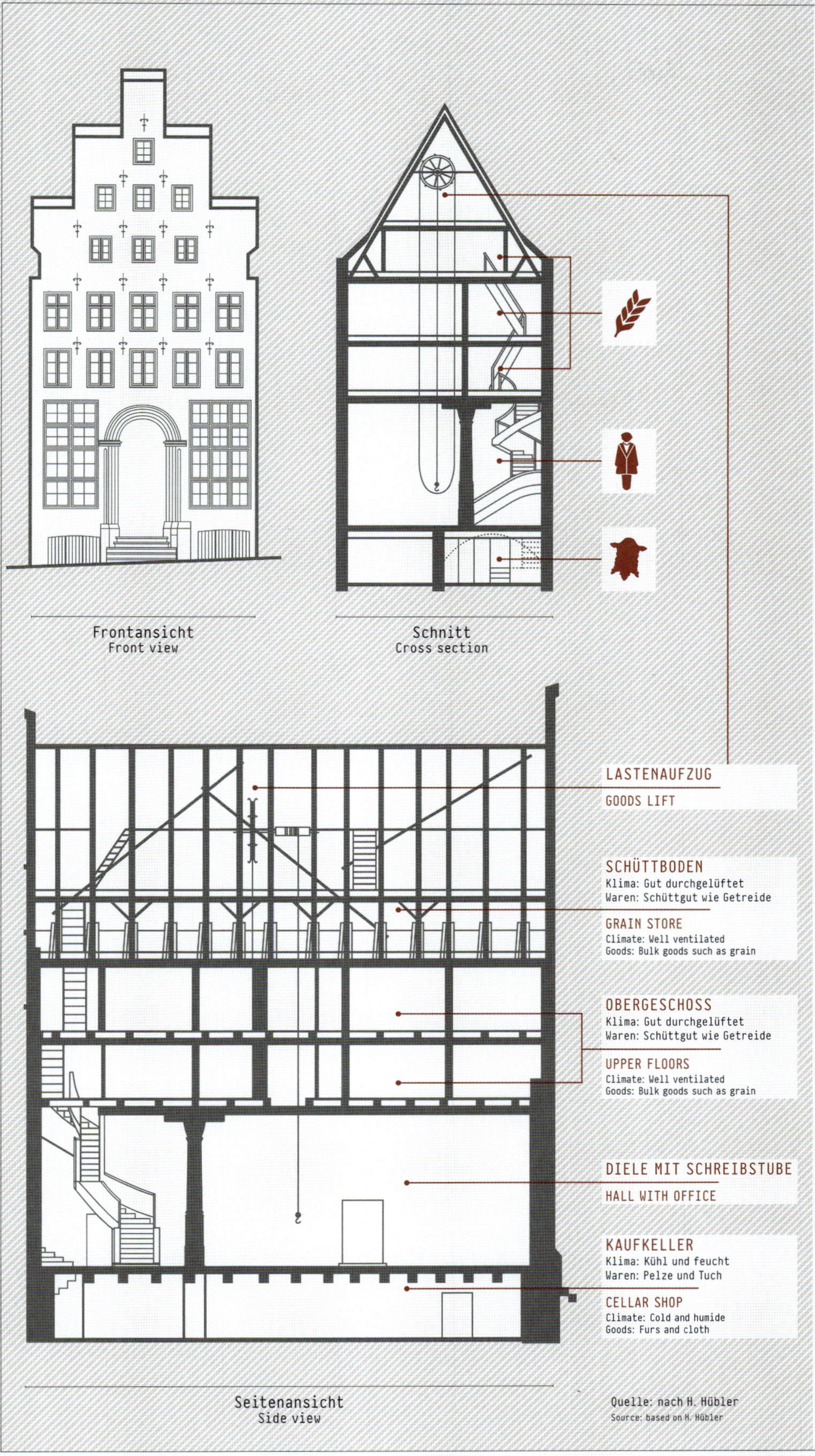

Kaufmannshäuser
Merchants' townhouses

Während Lübeck um 1200 vor allem aus Holzhäusern besteht, sind rund 100 Jahre später bereits fast alle Hauptstraßen von Steinbauten gesäumt. 700 bis 1300 Häuser werden bis zum Jahr 1300 aus Backstein errichtet.

Seit 1250 bestimmen Dielenhäuser zunehmend das Stadtbild. Charakteristisch sind für diesen Haustyp der zur Straße ausgerichtete Giebel und umfangreiche Lagerflächen.

Lübeck around 1200 consists mainly of wooden houses, but some 100 years later almost all the main streets are lined with brick buildings. Between 700 and 1,300 houses have been built of brick by the year 1300.

Townhouses come to define the urban fabric from 1250 onwards. A gable facing the street and lots of storage space are characteristic for this kind of house.

Frontansicht
Front view

Schnitt
Cross section

LASTENAUFZUG
GOODS LIFT

SCHÜTTBODEN
Klima: Gut durchgelüftet
Waren: Schüttgut wie Getreide

GRAIN STORE
Climate: Well ventilated
Goods: Bulk goods such as grain

OBERGESCHOSS
Klima: Gut durchgelüftet
Waren: Schüttgut wie Getreide

UPPER FLOORS
Climate: Well ventilated
Goods: Bulk goods such as grain

DIELE MIT SCHREIBSTUBE
HALL WITH OFFICE

KAUFKELLER
Klima: Kühl und feucht
Waren: Pelze und Tuch

CELLAR SHOP
Climate: Cold and humide
Goods: Furs and cloth

Seitenansicht
Side view

Quelle: nach H. Hübler
Source: based on H. Hübler

Welthandelsplatz Brügge
Global marketplace Bruges

Brügge, im heutigen Belgien gelegen, zählt im 14. Jahrhundert mit rund 35.000 Bewohnern zu den drei größten Städten der Grafschaft Flandern. Seit einer Sturmflut im Jahr 1134 verbindet ein kurzer Seearm, der Zwin, die Stadt mit der Nordsee. Zudem führen zahlreiche Landwege in die Handelsmetropole. Flandern ist im Mittelalter ein Zentrum der hoch entwickelten Tuchproduktion. Weber, Walker, Färber und Scherer fertigen erstklassige Stoffe, die überall in Europa gefragt sind. Kaufleute aus England, Frankreich, Italien, Spanien, Portugal und Deutschland kommen wegen der Tuche in die Stadt und bringen Waren aus allen Teilen der damals bekannten Welt mit.

1307 und 1309 erhalten die niederdeutschen Kaufleute weitere Privilegien in Flandern und Brügge. Zu ihren neuen Sonderrechten zählt auch, dass sie Versammlungen abhalten und sich selbst eine eigene Ordnung geben dürfen – so entsteht das Kontor in Brügge. Anders als in Nowgorod, London und Bergen wohnen die **Osterlinge**, wie die niederdeutschen Kaufleute im Westen Europas genannt werden, während ihres Aufenthalts in Brügge jedoch nicht gemeinsam auf einem Gelände. Erst 1448 lassen sie ein eigenes Kontorhaus errichten, das allerdings repräsentativen Zwecken dient und als Sitz für die Verwaltung genutzt wird. Die Kaufleute mieten sich in Herbergen ein, in denen sie oft auch ihre Waren lagern. Die Wirte, auch *Hosteliers* genannt, bieten ihren Gästen nicht nur Unterkunft und ein Warenlager, sie stellen auch Kontakte zu anderen Kaufleuten und Geldwechslern her. Zudem verwalten sie oft das Geld der Fernhändler. Meist quartieren diese sich auf ihren Reisen nach Brügge immer wieder beim gleichen Wirt ein. So entwickelt sich eine Geschäftsbeziehung, in der die *Hosteliers* auch Geschäfte für die Kaufleute tätigen, wenn diese nicht selbst vor Ort sind.

Zentraler Handelsmarkt in Brügge ist der *Grote Markt*, an den sich die *Alte Halle (Oude Halle)* anschließt. Hier bieten Großhändler

Bruges is now in Belgium and in the 14th century it is one of the three biggest cities in the county of Flanders, with some 35,000 inhabitants. Following a storm surge in 1134 Bruges has access to the North Sea via the river Zwin. Many overland routes also lead to the commercial metropolis. Flanders is a centre of sophisticated cloth production in the Middle Ages. Weavers, fullers, dyers and shearers make first-class woollen fabrics that are in demand throughout Europe. Merchants from England, France, Italy, Spain, Portugal and Germany come to the city for its cloth and bring with them goods from all over the known world.

In 1307 and 1309 the Low German merchants are awarded further privileges in Flanders and Bruges. Among their new privileges are the right of free assembly and the right of self-regulation – and so the *kontor* in Bruges is born. In contrast to Novgorod, London and Bergen, however, the **Easterners,** as the Low German merchants are known in western Europe, do not all live on the same site when they stay in Bruges. It is only in 1448 that

Osterlinge
Easterners

In Westeuropa werden deutsche Kaufleute als Osterlinge bezeichnet, weil ihre Herkunftsstädte östlich des Rheins liegen.

In western Europe the German merchants are called Easterners, because they come from east of the Rhine.

Brügge 1361
Bruges 1361

Der Verkaufsstand eines Hansekaufmanns in der *Alten Halle (Oude Halle)* in Brügge wurde nach historischen Quellen rekonstruiert. Die Wände der *Oude Halle* sind noch erhalten, ebenso wie Teile der Deckenkonstruktion.

A Hanseatic merchant's market stall in the Old Hall in Bruges, reconstructed on the basis of historical sources. The walls of the Old Hall still exist, as do parts of the ceiling structure.

# #

Handelsplatz Brügge
Marketplace Bruges

1 Belfried mit der *Alten Halle (Oude Halle)*
Belfry with Old Hall
2 Neue Tuchhalle *(Waterhalle)*
New Cloth Hall
3 Börsenplatz *(Beursenplein)*
Stockmarket Square

In Brügge ist der internationale Handel stark reglementiert. Er darf nur an zentralen Plätzen stattfinden, wo die Händler ihre Waren zu den Marktzeiten ausstellen.

International commerce is strictly regulated in Bruges. Trade is only allowed on central squares, where the merchants exhibit their goods at market times.

Der Belfried ist das älteste Wirtschaftsgebäude der Stadt. Der Glockenturm wird um 1240 direkt am *Grote Markt* errichtet und ist der Sitz der Brügger Administration. Mehrere Hallen schließen sich dem Gebäude an, unter anderem die *Alte Halle* und die Gewürzhalle.

The Belfry is the oldest commercial building in the city. It was built in 1240 right on the market square and was the seat of the Bruges city administration. Several halls are connected to the building, including the *Old Hall* and the Spice Hall.

erlesene Produkte an: Südfrüchte und Gewürze wie Mandeln, Feigen, Safran oder Zimt aus dem nahen und fernen Osten; neueste Waffen und Rüstungen, Geschirr oder Glasspiegel aus Italien; Pelze und Wachs aus Russland, Osteuropa oder Skandinavien; kunstvoll gewebte Seiden- und Brokatstoffe, die aus China oder Norditalien über die Alpen nach Brügge gelangen, und natürlich die vielen verschiedenen Stoffe aus der Region. Hauptabnehmer dieser Luxuswaren sind zwar noch immer Adel und Kirche, doch inzwischen können sich auch reiche Bürger in den Städten die teuren Produkte leisten. Beliebt bei den Kaufleuten ist zum Beispiel dekoratives Tafelgeschirr aus Messing, dessen sanft schimmernder Glanz an das goldene Prunkgeschirr des Adels erinnert. Ebenso begehrt sind die wertvollen Stoffe und Pelze, mit denen das aufstrebende Bürgertum in den Städten seinen Wohlstand präsentiert.

Der eigentliche Handel und Verkauf der Waren findet erst nach den Marktzeiten auf dem Platz vor dem Gästehaus *Ter Beurze* statt. Hier tauschen Kaufleute, Makler, Geldwechsler und Notare auch Informationen aus. Der Platz gilt als begrifflicher Ursprung des Wortes *Börse*.

The real trading and sale of goods takes place after the market on the square in front of the *Ter Beurze* inn. This is also where merchants, brokers, money changers and notaries exchange information and is the origin of the word *bourse*.

Verpönter Luxus

Solch öffentliches Zurschaustellen von Luxus steht allerdings in eklatantem Widerspruch zur christlichen Lehre des Mittelalters, die im Reichtum des Einzelnen eine Versuchung und Gefahr sieht. Nicht wer durch wirtschaftlichen Erfolg privates Vermögen anhäuft, wie es erst später der Calvinismus lehrt, verdient sich nach damaliger Vorstellung das Ansehen Gottes, sondern wer sein irdisches Dasein in Demut und Bescheidenheit verbringt. Doch nicht allein religiöse Vorschriften veranlassen die Stadtverwaltungen seit Mitte des 14. Jahrhunderts dazu,

they build their own trading post, but this is a prestigious building that is used for representational and administrative purposes. The merchants rent accommodation at inns, where they often also store their merchandise. The innkeepers, also known as *hostellers*, not only provided their guests with lodging and storage space, but also with contacts to other merchants and money changers. In addition, they often looked after the merchants' money. Most of them stayed with the same innkeeper every time they travelled to Bruges. And so a business relationship develops, in which the *hostellers* also conduct business transactions for the merchants when they are not in town themselves.

The main marketplace in Bruges is the *Grote Markt*, which adjoins the *Oude Halle*. Merchants offer the finest products for sale here: exotic fruits and spices, including almonds, figs, saffron and cinnamon from the Middle East and the Orient; the latest weaponry and armour, crockery and mirrors from Italy; furs and wax from Russia, eastern Europe or Scandinavia; elaborately woven silk and brocade fabrics that are brought to Bruges across the Alps from northern Italy or China, and of course the many different textiles from the region. The main customers for these luxury goods are still the nobility and the clergy, but wealthy townspeople can now afford expensive products too. Popular with merchants, for example, is decorative tableware made of brass, whose soft shine imitates the golden ceremonial plates used by the nobility. And of course the valuable fabrics and furs with which the upwardly mobile urban middle classes show off their wealth.

Forbidden luxury

Such conspicuous and luxurious consumption is the antithesis of medieval Christian teaching, however, which considered personal wealth to be a source of temptation and a threat. According to the doctrines of the time, the way to prove oneself worthy of God's mercy is by showing humility and modesty during one's earthly existence.

᛭

Holzkassette mit Münzgewichten und Resten einer Münzwaage
Wooden box with coin weights and remains of a coin balance

FUNDORT	Areal der Stadtbibliothek Biekorf unweit des *Grote Markt* in Brügge, 1978
DATIERUNG	1329–1337
MATERIAL	Holz, Kupferlegierung, Bronze, undefinierter Bindfaden
LEIHGEBER	Musea Brugge
PLACE FOUND	Site of the Biekorf city library, not far from the *Grote Markt* in Bruges, 1978
DATE	1329–1337
MATERIAL	Wood copper alloy, bronze, undefined string
LENDER	Musea Brugge

M 1:1,5

In dem etwa 14 Zentimeter langen Kästchen mit ausziehbarem Deckel finden ein Balken, Waagschalen sowie vier kleine Gewichte aus Bronze Platz.

This box is about 14 cm long, has a sliding lid and room to accommodate a beam balance, scale pans and four small bronze weights.

Der Besitzer dieses Kästchens wird vermutlich ein Geldwechsler aus Brügge gewesen sein. Mit den vier enthaltenen Gewichtsstücken kann er alle Goldmünzen wiegen, die zur damaligen Zeit im Umlauf sind. Auswärtige Händler müssen ihre mitgebrachten Münzen in die lokale Währung, den Groten, umtauschen. Da von den wertvollen Goldmünzen manchmal kleine Partikel abgekratzt oder sie zuweilen sogar komplett gefälscht werden, nutzen die Wechsler die kleinen Gewichte, um die Qualität der Münzen festzustellen. Doch nicht nur der Münztausch zählt zu ihrem Geschäft: Sie beherrschen ein komplexes System aus Geldwechsel, Geldeinlage und Investitionen. So führen sie zum Beispiel Konten für ihre Kunden, zu denen auch die Gastwirte der niederdeutschen Kaufleute zählen. Die Händler wiederum nutzen die Konten ihrer Wirte für den bargeldlosen Zahlungsverkehr.

Die Vorderseiten der französischen Gewichtsstücke zeigen Bilder verschiedener Goldmünzen: eine Krone mit der Inschrift PARIS DOR IVTES, Parisis d'or, 1329; einen König, stehend mit Zepter und Inschrift: POIS DE °REAL, Royal d'or, 1326–1328; ein Osterlamm mit Siegesfahne und Inschrift: POIS°DE°LA°GNIEL°, Agnel d'or, 1311; eine stilisierte Schwertlilie und den Umriss einer unleserlichen Inschrift, Fiorine, ab 1252. Aufgrund dieser Münzgewichte lässt sich die Kassette auf die Zeit von 1329 bis 1337 datieren.

The owner of this little box was probably a money changer from Bruges. The four coin weights it contains enable him to weigh all the gold coins in circulation at the time. Foreign merchants have to change the money they bring with them into the local currency, the groat. As small fragments are sometimes scratched off the valuable gold coins, or they are simply fakes, the money changers use these small weights to verify the quality of the coins. But their business is not just to change coins: they administer a complex system of exchanging, depositing and investing money. So they manage accounts for their customers, who also include the owners of the inns where the Low German merchants reside. The merchants in turn use their hosts' accounts to make cashless payments.

The fronts of the French coin weights show pictures of various gold coins: a crown with the circumscription PARIS DOR IVTES, Parisis d'or, 1329, an upright king with sceptre and circumscription: POIS DE °REAL, Royal d'or, 1326–1328; a paschal lamb with banner and inscription: POIS°DE°LA°GNIEL°, Agnel d'or, 1311; a stylised lily and the contours of an illegible circumscription, Fiorine, from 1252. Based on these coin weights the box may be dated to the period 1329 to 1337.

HUBERT DE WITTE

ist seit 2014 geschäftsführender Direktor von Musea Brugge. Die Holzkassette hat er zu Beginn seiner Karriere als Historiker und Archäologe im Januar 1978 selbst ausgegraben. Er erinnert sich noch gut, dass es dabei schneite.

Hubert De Witte has been the managing director of Musea Brugge since 2014. He excavated this wooden box himself at the start of his career as an historian and archaeologist in January 1978. He can still remember well how it was snowing.

dem luxuriösen Kleidungsstil durch Verordnungen und Gesetze Einhalt gebieten zu wollen.

Die Menschen betrachten sich im Mittelalter weniger als Individuum, sie definieren sich vielmehr in ihrer Beziehung zu einer Gemeinschaft und zu Gott. Nur in der sozialen Gruppe prägt sich die Persönlichkeit des Einzelnen aus und die Art der Kleidung zeigt, welcher er angehört. Die Garderobe macht es den Menschen besonders einfach, sich selbst und andere innerhalb der Gesellschaft einzuordnen. Die Kleiderordnungen legen daher vor allem fest, wer welche Kleidungsstücke tragen darf. Bestimmten Personengruppen wird zudem das Tragen von edlen Pelzen, teuren Tuchen, Seidenstoffen, Perlen oder Edelsteinen verboten. In Braunschweig und Nürnberg beispielsweise wird Ende des 14. Jahrhunderts zudem verfügt, was bestimmte Kleidungsstücke kosten dürfen.

Diese Gesetze zeigen zwar, dass prunkvolle Kleidung bei Kirche und Stadtverwaltung offiziell unerwünscht ist, sie bleiben jedoch nahezu erfolglos. In den reichen Handelsstädten lassen sich Bürger zwischen dem 14. und 16. Jahrhun-

dert in prachtvollen Gewändern, mit teurem Schmuck und ausgefallenen Kopfbedeckungen malen. Ihre Kleider stehen denjenigen des Adels in Material und Zuschnitt in nichts nach. Und mit Beginn der Renaissance rückt auf den Gemälden zunehmend auch die Persönlichkeit der Porträtierten in den Vordergrund.

Schonungsloser Machtkampf

Die glänzenden Kostbarkeiten, die Vielfalt des Warenangebots und die farbenfrohen, wertvollen Tuche auf den städtischen Märkten Flanderns können allerdings nicht darüber hinwegtäuschen, dass das Leben der meisten Menschen im Mittelalter immer wieder von Hungersnöten, Krisen und Konflikten bedroht ist. Zu Beginn des 14. Jahrhunderts verschlechtert sich die wirtschaftliche Konjunktur für das flandrische Tuchgewerbe. Nach ungewöhnlich starken Regenfällen herrscht überall in Europa Hungersnot, besonders betroffen aber sind dicht bevölkerte Gebiete wie Flandern, die auf Getreideimporte angewiesen sind. Fortwährende Auseinandersetzungen zwischen England und

Only later does Calvinism teach that accumulating wealth by hard work and success is an important duty. But in the mid-14th century it is not only religious precepts that prompt town councils to issue regulations and edicts in an attempt to curb luxurious styles of dress.

People in the Middle Ages consider themselves less as individuals and rather in their relationship to the community and to God. An individual's personality only comes to the fore within their social group and the clothing he or she wears shows which group they belong to. Clothing makes it very easy for people to tell where they and others stand in society. So the main aim of the sumptuary laws is to define who may wear which items of clothing. Specific groups are also forbidden from wearing sumptuous furs, costly cloth, silk fabrics, pearls and jewels. In Braunschweig and Nuremburg in the late 14th century, for example, the law also defines how much certain items of clothing are allowed to cost.

These laws illustrate the official disapproval of opulent clothing pronounced by Church and council, but they have virtually no effect. In the rich trading cities the citizens of the 14th-16th centuries have their portraits painted wearing magnificent clothes, with expensive jewellery and flamboyant headgear. The material and cut of their apparel is in no way inferior to that of the nobility. And with the Renaissance the personality of the sitter becomes an increasingly important element of the painting.

A ruthless struggle for power

The glittering treasures, the range of goods on offer and the colourful, costly fabrics on the municipal markets of Flanders can nonetheless not disguise the fact that in the Middle Ages most people's lives are permanently exposed to the risk of famines, crises and conflicts. In the early 14th century the Flemish cloth industry suffers from an economic downturn. Unusually heavy rainfall is followed throughout Europe by famines, and densely populated areas like Flanders are particularly hard hit

Um 1300 wird in Venedig der Spiegel aus Glas erfunden. Wer genug Geld hat, kann sich jetzt erstmals richtig selbst betrachten und erfahren, wie andere ihn oder sie sehen. Eine neue Wahrnehmung, mit der sich langsam die Gesellschaft zu verändern beginnt.

Glass mirrors are invented in Venice around 1300. Now anyone with enough money can look at themselves properly for the first time and get an impression of how others see them. It is a new perception that gradually begins to change society.

Frankreich münden 1337 zudem in den Hundertjährigen Krieg, der sich auch auf die politische und wirtschaftliche Situation in Flandern auswirkt.

Vor allem in diesen politisch unruhigen Zeiten verläuft das geschäftige Neben- und Miteinander der Kaufleute in der Handelsmetropole Brügge keineswegs konfliktfrei. Die Konkurrenz der Händler untereinander ist groß, jeder versucht für sich die besten Bedingungen auszuhandeln. Als die Stadt von den niederdeutschen Kaufleuten aufgrund der Kriegsbelastungen höhere Abgaben fordert und ihre Handelsrechte einschränkt, beschließen sie im Jahr 1358, die gesamte Grafschaft Flandern zu boykottieren, und verlegen ihr Kontor ins holländische Dordrecht. Immer wieder greifen die Kaufleute rigoros zu diesem Mittel, wenn sie ihre Privilegien an wichtigen Handelsplätzen in Gefahr sehen und diplomatische Verhandlungen nicht zum gewünschten Ziel führen. Besonders drastisch wirkt sich diese Politik beispielsweise für die Bewohner Norwegens im Jahr 1284/1285 aus, wo ausbleibende Getreidelieferungen der niederdeutschen Kaufleute zu einer verheerenden Hungersnot führen.

Auch in Brügge hat die Handelsblockade Mitte des 14. Jahrhunderts fatale Folgen. Die niederdeutschen Fernhändler importieren nicht nur Luxuswaren wie Pelze und Wachs nach Brügge, sie sind auch wichtige Zulieferer für die einheimische Tuchproduktion und bringen Lebensmittel wie Getreide, Hering und Stockfisch nach Flandern.

Zudem zählen sie zu den Hauptexporteuren von Stoffen aus der Region. Durch den Boykott bricht die flandrische Tuchproduktion ein; Arbeitslosigkeit und Hunger sind die Folgen. Eine Missernte in der Region sowie ein Ausbruch der Pest verschärfen die Auswirkungen der ausbleibenden Getreideimporte und es kommt zu Unruhen in der ohnehin von starken sozialen Gegensätzen geprägten Stadt. Die Situation zwingt den Grafen und die Städte Flanderns schließlich einzulenken.

Kampfname *Hanse*

Damit sich auch tatsächlich alle niederdeutschen Kaufleute, die in Brügge Handel treiben, an der geplanten Blockade beteiligen, beschließen die Vertreter einiger Städte ein gemeinsames Vorgehen. Am 20. Januar 1358 reisen Delegierte der **wendischen Städte** sowie von Goslar, Braunschweig, Elbing und Thorn nach Lübeck, um dort gemeinsam einen Aufruf zum Handelsboykott zu verfassen. In diesem Dokument bezeichnen sie sich plötzlich mehrfach als *stede van de dudeschen hense*, also als *Städte der deutschen Hanse*. Der Begriff *Hanse* wird zum Kampfnamen. Er soll eine gemeinsame Identität stiften und die niederdeutschen Kaufleute zu geschlossenem Auftreten verpflichten. Blockadebrechern drohen die Verfasser mit dem unwiderruflichen Ausschluss aus der Gemeinschaft: *„Sollte es auch geschehen, dass sich irgendeine Stadt der deutschen Hanse frevelhaft aus dieser Satzung entbinden und sich nicht daran halten wollte, so soll diese Stadt für ewig aus der deutschen Hanse [ausgeschlossen]*

because they rely on imports of grain. Permanent disputes between England and France also culminated in 1337 in the Hundred Years' War, which also affected the political and economic situation in Flanders.

In these politically unsettled times commercial interactions and transactions between merchants in the business metropolis of Bruges are not straightforward either. Competition among the merchants is intense as everyone tries to obtain the best deal for himself. When the city demands higher taxes from the Low German merchants to offset the cost of the war and restricts their rights, they decide in 1358 to boycott the entire county of Flanders and move their kontor to Dordrecht in Holland. The merchants repeatedly make use of this tactic when they see their privileges at key trading centres in danger and diplomatic negotiations do not deliver the desired results. This policy has a particularly drastic impact on the inhabitants of Norway in 1284/5, when an embargo on grain supplies imposed by Low German merchants leads to a terrible famine.

In Bruges too, the trade embargo in the middle of the 14th century has fatal results. Low German traders not only import luxury goods like furs and wax to Bruges; they are also key suppliers for the local cloth producers and bring foodstuffs like grain, herring and stockfish to Flanders. Plus they are among the biggest exporters of cloth from the region. The boycott causes Flemish cloth production to collapse: unemployment and hunger are the results. A poor harvest in the region and an outbreak of plague exacerbate the impact of the missing grain imports and stoke unrest in a city where levels of inequality are already sky high. Finally the situation forces the count and the Flemish towns to capitulate.

Hanse as a nom de guerre

To ensure that all the Low German merchants who trade in Bruges really do take part in the planned blockade, the representatives of some town decide to take concerted action. On 20 January

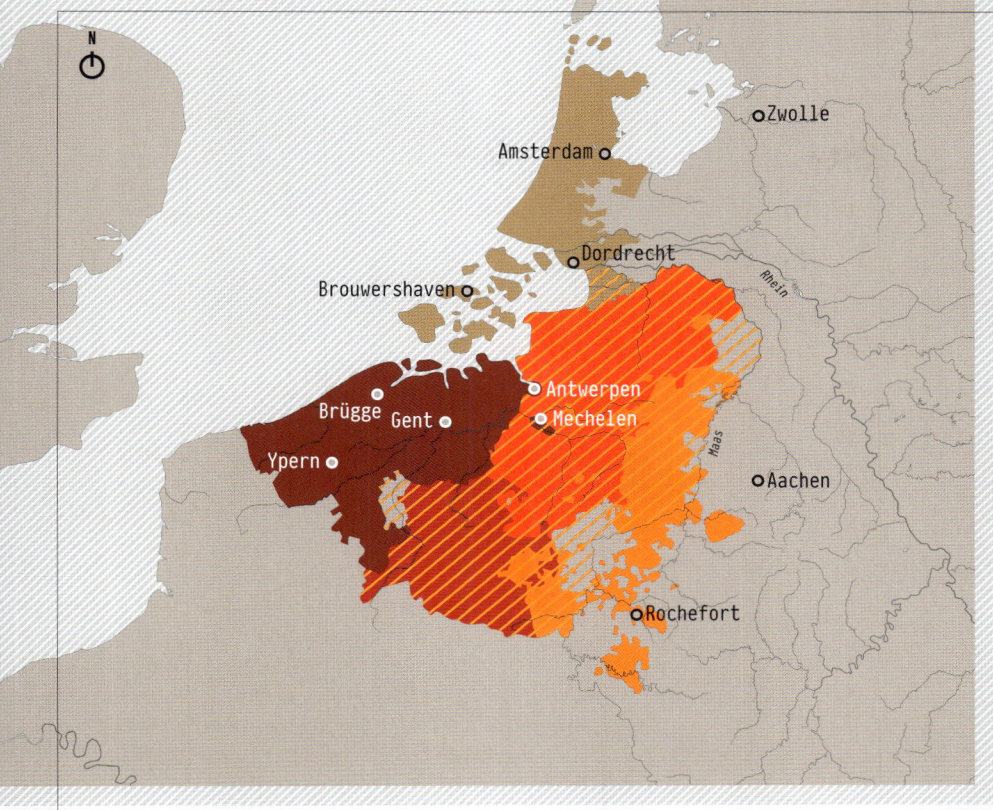

Handelsboykott 1358–1360
Trade embargo 1358–1360

- **Grafschaft Flandern:**
  Gebiet der Handelssperre
  County of Flanders:
  Area of embargo
- **Verkehrsverbot für niederdeutsche Kaufleute**
  Trade ban for Low German merchants
- **Grafschaft Hennegau**
  County of Hainault
- **Herzogtum Brabant**
  Duchy of Brabant
- **Bistum Lüttich**
  Bishopric of Liège
- **Grafschaft Holland und Seeland**
  County of Holland and Zeeland

1358 rufen die niederdeutschen Kaufleute zu einem umfassenden Boykott der gesamten Grafschaft Flandern auf und verlegen ihr Kontor vorübergehend nach Dordrecht. Zudem verbieten sie den niederdeutschen Kaufleuten, in die umliegenden Grafschaften und Herzogtümer zu fahren. Die Blockade hat für die flandrische Bevölkerung fatale Folgen: Die Tuchproduktion bricht ein; Arbeitslosigkeit und Hunger sind die Folgen.

In 1358 the Low German merchants call for an all-out embargo of the entire county of Flanders and temporarily move their trading post to Dordrecht. They also ban Low German merchants from travelling to the adjacent counties and duchies. The blockade has fatal consequences for the Flemish population: cloth production collapses, causing unemployment and famine.

Gewinnmargen
Commercial profits

Mit Gewürzen, Färbemitteln oder Seidenstoffen aus dem Orient, die vor allem von italienischen Händlern nach Brügge gebracht werden, lassen sich bis zu 100 Prozent Gewinn erzielen. Die Margen der niederdeutschen Kaufleute sind deutlich geringer: Pelze, Wachs, Getreide oder Holz bringen maximal 15 Prozent. Dafür werden diese Waren allerdings in größeren Mengen verkauft.

A profit of up to 100 per cent can be earned with spices, dyes and silk fabrics from the Orient, which are mainly brought to Bruges by Italian merchants. Margins are much lower for the Low German merchants: only up to 15 percent for furs, wax, grain and wood. On the other hand these goods are sold in larger quantities.

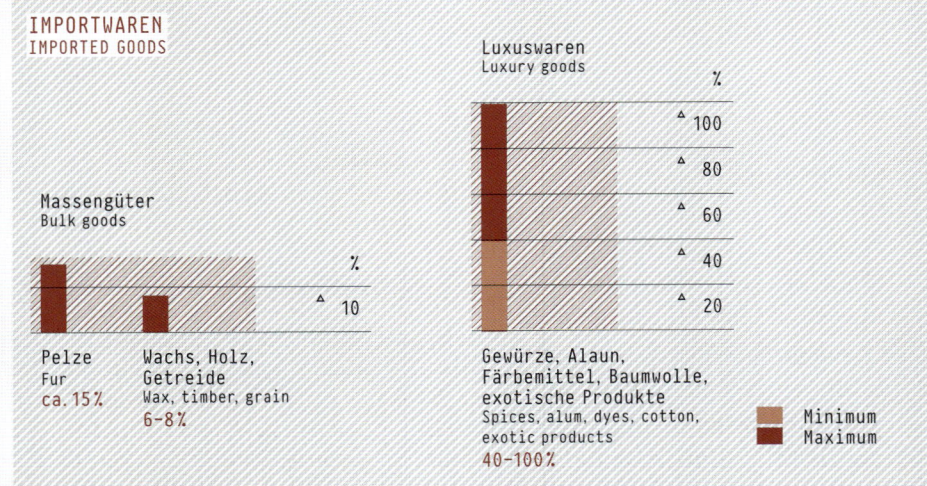

IMPORTWAREN
IMPORTED GOODS

Massengüter
Bulk goods

Pelze
Fur
ca. 15%

Wachs, Holz, Getreide
Wax, timber, grain
6–8%

Luxuswaren
Luxury goods

Gewürze, Alaun, Färbemittel, Baumwolle, exotische Produkte
Spices, alum, dyes, cotton, exotic products
40–100%

Minimum
Maximum

Die wertvollen Seidenbrokat-
stoffe wurden nach historischen
Stoffmustern aus dem Deutschen
Textilmuseum Krefeld von der Firma
Studio Holyoke rekonstruiert und bei
Peers & Company in Madagaskar
für das Europäische Hansemuseum
nachgewebt.

These costly silk brocade fabrics were
reconstructed by Studio Holyoke on the
basis of historical patterns from the
German Textile Museum Krefeld and
woven for the European Hansemuseum
by Peers & Company in Madagascar.

*bleiben und das deutsche Recht für
ewig verloren haben.*"

Im Verlauf dieser Blockade
nimmt die Organisationsform der
niederdeutschen Kaufleute eine neue
Wendung. Von nun an versammeln
sich Delegierte der Städte, deren
Bürger die Privilegien der Hanse
nutzen, regelmäßig zu sogenannten
Tagfahrten, die später als Hansetage bezeichnet werden. Zwar gibt
es auch zuvor bereits Absprachen
und regionale Treffen zwischen
den Städten, mit den allgemeinen
Hansetagen finden jedoch erstmals
kontinuierlich überregionale Versammlungen statt. Der Name *Hanse*
wird hingegen vor allem gegenüber
Herrschern und Vertragspartnern
eingesetzt, wenn es darum geht,

sich als Einheit zu präsentieren –
und so die eigenen wirtschaftlichen
Interessen durchzusetzen. Die
Kaufleute selbst bezeichnen sich so
gut wie nie als Hansekaufleute. Sie
verwenden bei Bedarf den Namen
ihrer Familie, ihrer Stadt oder ihrer
Fahrtgemeinschaft.

Wer ist die Hanse?

Doch wer sind die Delegierten,
die von nun an auf den Hansetagen
im Namen ihrer Heimatstädte über
die gemeinsame Handelspolitik entscheiden? Wer verhandelt im Interesse der Städte? Wer ist die Hanse?
In der Regel sind die Vertreter auf
den Hansetagen Ratsherren in ihrer
Stadt und Kaufleute in einer Person.

1358 the delegates from the **Wendish
towns**≡ and from Goslar, Braunschweig,
Elbing and Thorn travel to Lübeck to
draft a joint appeal for a trade embargo.
All of a sudden they refer to themselves
repeatedly in this document as *stede
van de dudeschen hense*, i.e. *towns of the
German Hanse.* The term *Hanse* becomes
a nom de guerre. It is meant to foster
a common identity and oblige the Low
German merchants to act in concert.
The authors threaten any town breaking
the blockade with expulsion from the
league: *"If any town in the German Hanse
should falsely acquit themselves of these
statutes and not abide by them, then this
town should be excluded from the German
Hanse for ever and lose the German law
for ever."*

Over the course of the blockade the
organisational structure of the Low German merchants takes a new turn. From
now on the delegates of towns whose
citizens use the Hanse's privileges as-
semble regularly for "journey meetings",
later known as Hansetage. The towns
had met before for consultations and
regional gatherings, but the Hansetage
are the first regular assemblies of towns
from a wider area over an extended
period. The name *Hanse* is mostly used
externally, however, when dealing with
local rulers and business partners and
with the intention of presenting a united
front to assert their own economic

Als solche bringen sie auf den Versammlungen zwar durchaus die Interessen ihres Heimatorts vor, als geschäftstüchtige Händler aber werden sie wohl auch ihre eigenen wirtschaftlichen Ziele nicht aus dem Auge verlieren. Fernhändler und Ratsherren aus unterschiedlichen Hansestädten sind zudem häufig durch Verwandtschaft, Freundschaft oder gemeinsame Geschäftsbeziehungen miteinander verbunden. Denn auch wenn die Kaufleute ihre Waren nicht mehr selbst an jeden Handelsplatz begleiten, bleiben sie dennoch mobil. Häufig wechseln sie für längere Zeit ihren Aufenthaltsort oder ziehen um und knüpfen durch eine geschickte Heiratspolitik weitreichende Netzwerke.

Heinrich (II.) Pleskow, der als Lübecker Bürgermeister seit 1356 die Verhandlungen mit dem Grafen und den Städten Flanderns führt, wird beispielsweise als Sohn einer Rats- und Kaufmannsfamilie in Visby auf Gotland geboren, die bereits über sehr gute Geschäftskontakte im Handelsgebiet der Hanse verfügt

interests. Internally, the merchants almost never refer to themselves as Hanseatic merchants. They use the name of their family, their town or their travelling group, as needed.

Who is the Hanse?

But who are the delegates at the Hansetage who now take the decisions on joint economic policies on behalf of their home towns? Who negotiates in the towns' interests? Who is the Hanse? Usually the envoys at the Hansetage are councillors in their home town and merchants at the same time. As such they certainly raise matters of interest to their town, but as commercial actors in their own right they also do not lose sight of their own economic objectives. Long-distance merchants and councillors from different Hanseatic towns are often also related to one another by birth, friendship or common business relationships. Because even though the traders no longer take their merchandise to each trading post themselves, they are still highly mobile. Often they stay for longer periods in different places or move permanently, building wide-ranging networks by means of advantageous marriages.

Heinrich Pleskow (II), for instance, who as mayor of Lübeck since 1356 leads the negotiations with the count and towns of Flanders, was born on Gotland as the son of a family of councillors and merchants in Visby. They are already well connected within the Hanseatic trading area and move to Lübeck in 1292. On the banks of the Trave the Pleskows also quickly become one of the most influential family of councillors.

Exotische Gewürze wie Paradieskörner und Kardamom, gelangen aus Afrika und Asien auf den Brügger Markt.

Exotic spices like grains of paradise and cardamom are brought from Africa and Asia to be sold in Bruges.

Wendische Städte
Wendish towns

Städte, die geografisch in den heutigen Bundesländern Schleswig-Holstein und Mecklenburg-Vorpommern sowie an der Ostsee liegen. Die wichtigsten wendischen Hansestädte sind Lübeck, Hamburg, Stralsund, Wismar, Rostock und Stettin.

Towns situated on the Baltic coast and what are now the German states of Schleswig-Holstein and Mecklenburg-Western Pomerania. The main Wendish towns are Lübeck, Hamburg, Stralsund, Wismar, Rostock and Stettin.

Neben Stoffen werden in der *Alten Halle* auch neueste Rüstungen angeboten, wie dieser aus einem Guss gefertigte Brustschutz, der mehr Sicherheit vor spitzen Stichwaffen bietet.

Not only textiles are for sale in the *Old Hall*, but also the latest armour, like this cuirass. It is made of a single piece of metal and offers greater protection against swords and daggers.

und 1292 nach Lübeck umzieht. Auch in der Travestadt steigen die Pleskows innerhalb kurzer Zeit zu einer einflussreichen Ratsfamilie auf. Nach Heinrichs (II.) Tod im Jahr 1358 übernimmt sein Schwager Bernhard Oldenborg, ebenfalls Lübecker Ratsherr, die Leitung der Verhandlungen im Flandernkonflikt. Beide haben über weitere Familienmitglieder und Handelspartner Verbindungen zu Ratsherren und Fernhändlern in unterschiedlichen Hansestädten.

Besonders gut durch Briefe und Handelsbücher dokumentiert ist auch das Handelsnetzwerk des Hildebrand Veckinchusen. Er wird 1365 in Dorpat geboren, zieht um 1400 nach Lübeck und nimmt dort das Bürgerrecht an. Die meiste Zeit seines Lebens verbringt er jedoch in Brügge. Seine Frau Margarete stammt aus einer wohlhabenden Familie in Riga. Veckinchusen wird selbst nie Ratsherr, spielt aber im Brügger Kontor eine wichtige Rolle: Drei Mal wird er zum *Ältermann* gewählt. Seine Geschäftspartner sind in erster Linie Verwandte: Er han-

delt mit seinen Brüdern, seinem Schwiegervater, seinen Neffen sowie Freunden in London, Brügge, Dortmund, Köln, Lübeck, Danzig, Riga, Reval und seiner Geburtsstadt Dorpat. Weitere Geschäftspartner sind über das gesamte Handelsgebiet der niederdeutschen Kaufleute vom englischen Boston bis in die norditalienischen Städte Venedig und Lucca verteilt. Als Geschäftsmann scheitert Veckinchusen allerdings spektakulär und landet schließlich im Brügger **Schuldturm**. Das Kontor verweigert ihm jegliche Unterstützung. Vermutlich, weil er sich zuvor in Erwartung einer größeren Zahlung zunächst aus der Kontorkasse bedient hat oder weil man ihm selbst die Schuld an seiner Not gibt.

Mit dem Petschaft, einem harten Stempel, in den ein Siegel eingraviert ist, kennzeichnen die Kaufleute ihre Geschäftsbriefe. Auch ein Tintenfässchen und ein Kästchen mit Schreibutensilien gehören zu den Arbeitsgeräten des Fernhändlers.

The merchants use an engraved seal to authenticate their letters. An inkwell and a box with writing instruments also form part of a merchant's equipment.

After the death of Heinrich (II) in 1358 his brother-in-law Bernhard Oldenborg, also a Lübeck councillor, becomes the main negotiator in the Flemish conflict. Both of them have contacts to councillors and merchants in various Hanseatic towns via family members and business relations.

Another commercial network that is very well documented by letters and trading books is that of Hildebrand Veckinchusen. He is born in 1365 in Dorpat, moves to Lübeck in around 1400 and becomes a citizen there. Most of his life is spent in Bruges, however. His wife Margarete comes from a wealthy family in Riga. Veckinchusen never becomes a councillor himself, but plays an important role at the kontor in Bruges, where he is elected *alderman* three times. His business partners are mostly relatives of his: he trades with his brothers, his father-in-law, his nephews and friends in London, Bruges, Dortmund, Cologne, Lübeck, Danzig, Riga, Reval and his home town of Dorpat. Other business partners are spread across the whole trading range of the Low German merchants, from Boston in England to the Italian cities of Venice and Lucca. As a businessman Veckinchusen is a spectacular failure, however, and ends up in the **Debtor's Tower** in Bruges. The kontor refuses to support him in any way. Probably because he used the kontor's treasury to overcome a temporary cash flow problem or because the others think his predicament is his own fault.

Schuldturm
Debtor's Tower

Sondergefängnis für Personen, die ihren Zahlungsverpflichtungen nicht nachkommen.

A special prison for those who could not pay their debts.

Pest 1367
Plague 1367

Kommt die Pest in die Stadt, leeren sich die Straßen. Wer kann, bleibt im Haus. Solche mittelalterlichen katzenkopfgroßen Pflastersteine finden sich noch heute in Lübeck auf dem Platz zwischen dem Rathaus und St. Marien.

The streets are empty when plague strikes a town. Anyone who can, stays indoors. Medieval cobblestones like these can still be found in Lübeck on the square between the Town Hall and St. Mary's.

Mit dem Handel kommt die Pest
With trade comes the plague

Im ohnehin von Krisen und Konflikten gebeutelten 14. Jahrhundert gelangt mit dem Handel 1347 die Pest nach Europa. Vermutlich auf Schiffen von Kaufleuten aus Venedig erreicht die Seuche aus Asien zunächst die Lagunenstadt in Norditalien und verbreitet sich von dort über den gesamten Kontinent. Fast ein Drittel der Bevölkerung stirbt, etwa 19 Millionen Menschen. Die Krankheit macht vor den Wohlhabenden nicht halt, sie trifft es 1367 in Lübeck proportional sogar häufiger als die restliche Bevölkerung. Neben vielen anderen Stadtbewohnern sterben auch 11 der 25 Ratsherren. Wer die Pest überlebt, gelangt hingegen durch Erbschaften nicht selten zu größerem Wohlstand als zuvor. Zahlreiche Immobilien und Ländereien wechseln ihre Besitzer, das Vermögen konzentriert sich in den Händen der Überlebenden.

In den Städten verändert die Pest das Straßenbild. Wer es vermeiden kann, an die Luft zu gehen, wird jetzt wohl im Haus bleiben. Karren ziehen durch die Straßen, auf denen die vielen Toten zu den Pestfriedhöfen außerhalb der Stadt gebracht werden. Kaum etwas ist über die Krankheit bekannt. Erst Ende des 19. Jahrhunderts entdecken Wissenschaftler, dass es ein Rattenfloh ist, der die Seuche überträgt. Im Mittelalter hingegen werden zum Beispiel giftige Verunreinigungen der Luft als Ursache vermutet. Gut möglich, dass sogenannte Pestkörbe auf den Straßen stehen, in denen Wacholder- oder Eichenzweige sowie harzhaltige Hölzer abgebrannt werden, um die verpestete Luft zu reinigen. Kreuze markieren die Häuser derjenigen, die bereits erkrankt sind, um andere zu warnen.

In zahlreichen Städten werden Juden für den Ausbruch der Pest verantwortlich gemacht. Sie sollen die Seuche durch Brunnenvergiftungen verursacht haben – eine haltlose Beschuldigung, die im Mittelalter immer wieder vorgebracht wird, um Juden zu verfolgen. In Köln ermordet ein aufgebrachter Mob in der Nacht zum 24. August 1349, dem Tag des Heiligen Bartholomäus, fast alle Bewohner des jüdischen Viertels. In Lübeck bittet der Rat den Herzog von Lüneburg, alle Juden umzubringen, die in seinem Herrschaftsbereich leben, weil man aus anderen Hansestädten von den Vorwürfen gegen die Juden erfahren habe.

14th century Europe is already bedevilled by crises and conflicts when in 1347 the plague arrives. It is probably transported on Venetian merchant ships, first reaching the Floating City in northern Italy from Asia, from where it spreads across the entire continent. Almost a third of the population dies, around 19 million people. Wealth affords no protection from the disease; in Lübeck in 1367 the rich are even affected proportionally more than the rest of the population. As well as many other inhabitants of the city, the plague claims 11 out of 25 councillors. However, those who outlive the plague often become wealthier than before as a result of inheritances. Many properties and estates see a change of ownership; wealth is concentrated in the hands of the survivors.

In towns the Black Death changes the face of the streets. Anyone who can avoid going outside, now stays indoors. Carts are pulled through the streets carrying the victims of the plague to special cemeteries built outside the town. People know virtually nothing about the disease. Only in the late 19th century do scientists discover that the pandemic is transmitted by fleas using rats as their hosts. In the Middle Ages, however, people think it is caused by poisonous airborne pollution known as "miasma". Maybe there are plague braziers on the streets, in which branches of juniper or oak and resinous woods are burnt in an attempt to purify the pestilent air. Crosses to warn others mark the houses of those who are already ill.

In many towns it is Jews who are made responsible for the plague outbreak. They are said to have caused the epidemic by poisoning the wells – a groundless accusation that crops up frequently in the Middle Ages as a pretext for persecuting Jewish communities.

Ausbreitung der Pest 1350
Spread of the plague in 1350

Map labels:

BERGEN 1349
REVAL
NOWGOROD NOVGOROD
1350
MOSKAU MOSCOW 1352
EDINBURGH 1349
1349
1348/1348
DUBLIN
CHESTER
1348
ANTWERPEN ANVERS
BRISTOL
LONDON
BRÜGGE BRUGES
KÖLN COLOGNE 1349
LEIPZIG 1350
DANZIG GDANSK 1349/1350
WARSCHAU WARSAW 1350
BRESLAU WROCLAW 1349
PARIS
NÜRNBERG
REGENSBURG
PRAG PRAHA 1349
ORLEANS 1348
AUGSBURG
BASEL
WIEN VIENNA 1349
BUDA
1349
VENEDIG VENICE 1348
AVIGNON 1347/1348
GENUA GENOA
TOULOUSE 1348
FLORENZ FLORENCE
DUBROVNIK 1347/1348
1347/1248
KAFFA 1346/1347
1346
KONSTANTINOPEL CONSTANTINOPLE 1347
MEDINA DEL CAMPO 1348
TOLEDO
LISSABON LISBON
SEVILLA SEVILLE 1348
MESSINA 1347
CANDIA

N

1347−1352
Die erste Pestwelle

1347−1352
The first wave of the plague

Wirtschaftskrise
Economic crisis

Das 14. Jahrhundert ist von einer anhaltenden Wirtschaftskrise geprägt. Schlechte Ernten, eine kleine Eiszeit, Kriege und Piraterie verstärken die verheerenden Auswirkungen der Pest. Rund ein Drittel der Bevölkerung stirbt, der englische Tuchexport bricht zwischen Mitte des 14. und Mitte des 15. Jahrhunderts um 50 Prozent ein. Die Preise für Stockfisch steigen nach der Pest auf mehr als das Doppelte an.

The 14th century is a period of long-term economic decline. Poor harvests, a small ice age, wars and piracy exacerbate the terrible impact of the plague. About one third of the population dies and English cloth exports fall by 50 per cent between the mid-14th and mid-15th centuries. Prices for stockfish more than double after the plague.

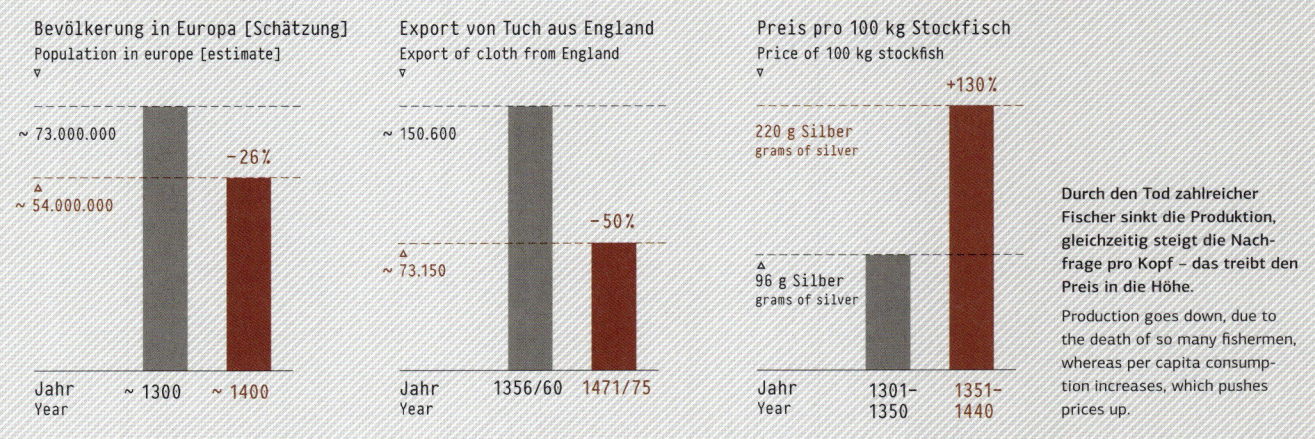

Bevölkerung in Europa [Schätzung]
Population in europe [estimate]

~ 73.000.000
~ 54.000.000
− 26 %

| Jahr Year | ~ 1300 | ~ 1400 |

Export von Tuch aus England
Export of cloth from England

~ 150.600
~ 73.150
− 50 %

| Jahr Year | 1356/60 | 1471/75 |

Preis pro 100 kg Stockfisch
Price of 100 kg stockfish

+130 %
220 g Silber grams of silver
96 g Silber grams of silver

| Jahr Year | 1301–1350 | 1351–1440 |

Durch den Tod zahlreicher Fischer sinkt die Produktion, gleichzeitig steigt die Nachfrage pro Kopf – das treibt den Preis in die Höhe.

Production goes down, due to the death of so many fishermen, whereas per capita consumption increases, which pushes prices up.

Sehr viele halten die Krankheit für eine Strafe Gottes und versuchen, durch Spenden an geistliche oder wohltätige Einrichtungen seinen Zorn zu besänftigen. Die Kaufleute stehen ohnehin durch ihren Beruf in ständigem Konflikt mit der religiösen Lehre, die es eigentlich verbietet, durch Handel Gewinn zu erzielen. Mit großzügigen Ablasszahlungen und Stiftungen versuchen sie ihr Seelenheil zu retten. In Lübeck steigt die Anzahl der Testamente während der Pestausbrüche in den Jahren 1350 und 1367 sprunghaft an. Die zahlreichen Hinterlassenschaften vermehren den Besitz der Kirche beträchtlich.

Auffällig ist in den Testamenten, dass die Fernhändler nicht nur die geistlichen Institutionen ihrer Heimatstadt bedenken. Der Lübecker Kaufmann Johann Castel, der vor allem in Stockholm und Flandern handelt, verfügt beispielsweise am 15. Juli 1367, dass auch Kirchen und Klöster unter anderem in Visby und Stockholm aus seinem Vermögen bedacht werden sollen. Denn während ihres Aufenthalts an den Handelsplätzen und in den Kontoren nehmen die Kaufleute über die geistlichen Institutionen auch am sozialen Leben dieser Städte teil.

Die Marienfigur in der Mauernische über dem Eingang eines Kaufmannshauses wurde nach Originalen aus der Zeit zwischen 1340 und 1400 angefertigt, die sich im Lübecker St. Annen-Museum befinden.

The statue of the Virgin Mary in the alcove above the entrance to a merchant's house is based on originals from the period 1340–1400 on display in the St. Annen-Museum in Lübeck.

On 24 August 1349, the feast of St. Bartholomew, an angry mob murder almost all the inhabitants of the Jewish quarter in Cologne. In Lübeck the councillors ask the Duke of Lüneburg to kill all the Jews within his jurisdiction, because they had heard of the accusations against the Jews from other Hanseatic towns.

Many people believe the plague is a divine punishment and try to appease God's wrath by making donations and giving alms to spiritual and charitable institutions. Their occupation means that merchants are always in conflict with religious doctrine in any case, because making profits from buying and selling is forbidden. They try to save their souls by purchasing indulgences and making generous donations. In Lübeck the number of wills goes up sharply in the years 1350 and 1367 when the plague breaks out. All the bequests increase the Church's possessions considerably.

One striking thing about the wills is that the long-distance merchants do not only make donations to religious institutions in their home town. Johann Castel, for instance, a merchant from Lübeck who trades mostly in Stockholm and Flanders, includes bequests to churches and convents in Visby and Stockholm in his last will and testament written on 15 July 1367. This is because when they stay at trading centres and kontors abroad, the spiritual institutions enable the merchants to participate in the social life of the town.

Die schweren Holztüren wurden nach erhaltenen Originalen aus der Klosterkirche Maulbronn rekonstruiert. Für die Schlüssel und Türbeschläge dienten archäologische Funde als Vorlage.

These heavy wooden doors are based on originals in Maulbronn Monastery. Archaeological finds were used as models for the keys and door fittings.

London: Metropole selbstbewusster Bürger
London: A metropolis of self-assured citizens

London um 1500
London around 1500

Die Stadt an der Themse ist an der Schwelle zur Neuzeit eine Weltmetropole. Rund 50.000 Menschen leben in London.

At the cusp of the modern era the city on the Thames is a global metropolis with more than 50,000 inhabitants.

In London bewohnen die Kaufleute der Hanse am Ufer der Themse im Stadtteil Dowgate ein eigenes Kontorgelände, das seit Beginn des 14. Jahrhunderts als *Stalhof* bezeichnet wird. Direkt gegenüber, an der Thames Street, liegt die Kirche *All-Hallows-the-Great*. Hier unterhalten die Fernhändler mindestens vier Kirchenbänke im südlichen Seitenschiff. Gut sichtbar an ihrem Gestühl brennen das ganze Jahr über fünf Kerzen. Nicht allein aus Frömmig-

In London the Hanseatic merchants live in their own trading post, situated in Dowgate ward on the banks of the Thames. From the early 14th century it is known as the *Steelyard*. Directly opposite, in Thames Street, is the church of *All-Hallows-the-Great*. Here the merchants maintain at least four pews in the southern aisle. Five prominent candles are kept lit all year round at their seats. It is not only out of piety that the merchants make this investment, but also to demonstrate their wealth and to show their presence in the city. Because surrounded by the permanent murmur

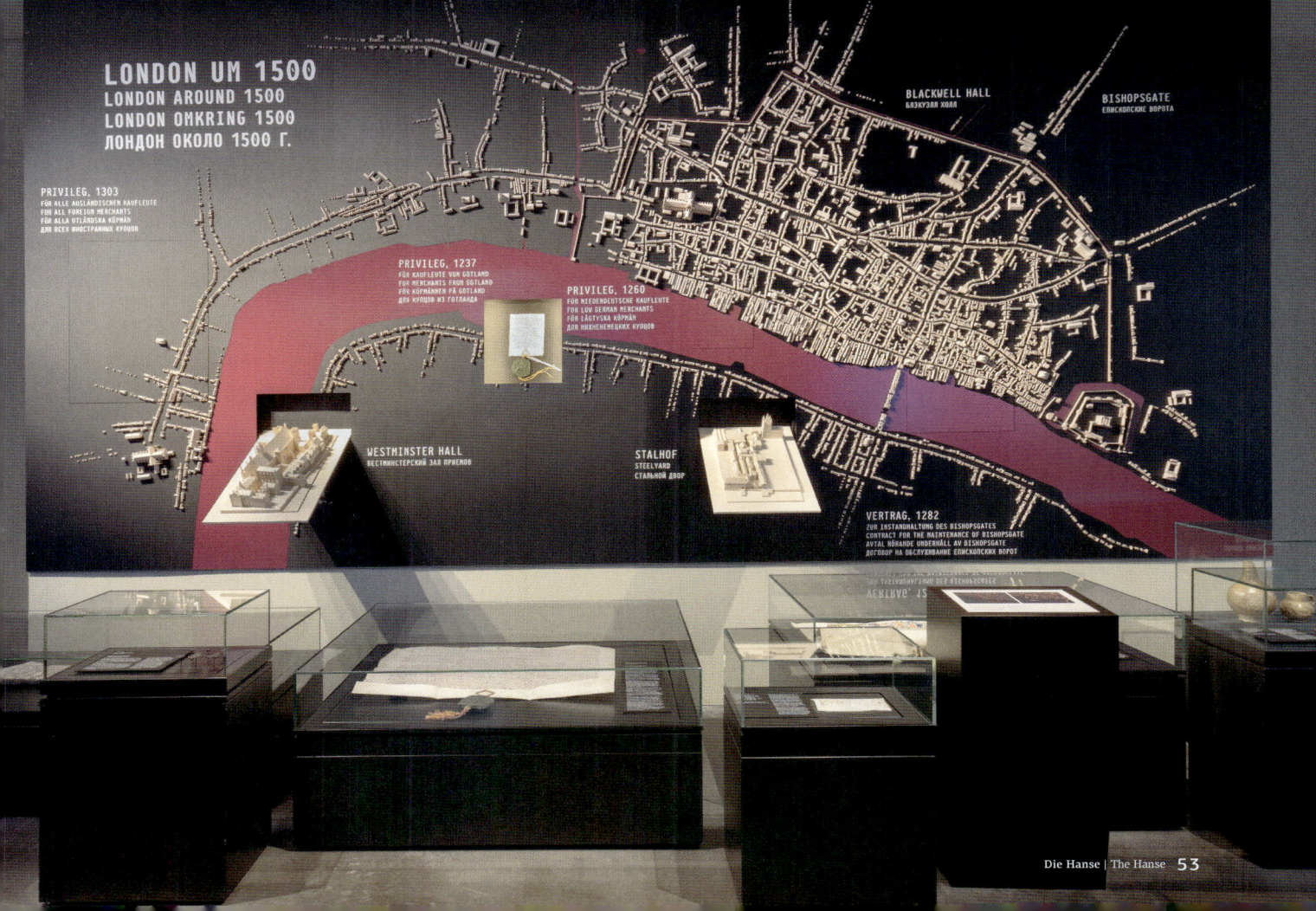

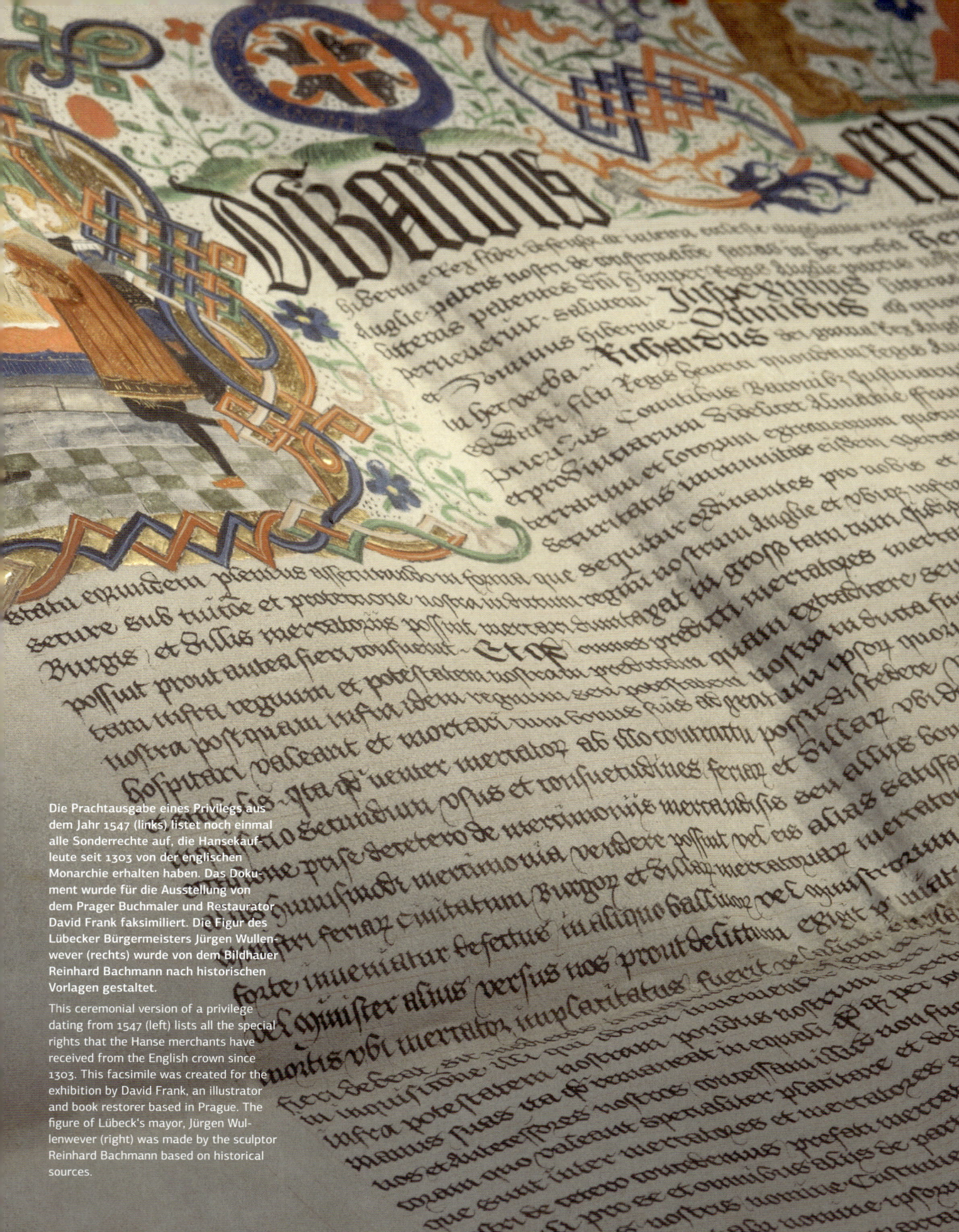

Die Prachtausgabe eines Privilegs aus dem Jahr 1547 (links) listet noch einmal alle Sonderrechte auf, die Hansekaufleute seit 1303 von der englischen Monarchie erhalten haben. Das Dokument wurde für die Ausstellung von dem Prager Buchmaler und Restaurator David Frank faksimiliert. Die Figur des Lübecker Bürgermeisters Jürgen Wullenwever (rechts) wurde von dem Bildhauer Reinhard Bachmann nach historischen Vorlagen gestaltet.

This ceremonial version of a privilege dating from 1547 (left) lists all the special rights that the Hanse merchants have received from the English crown since 1303. This facsimile was created for the exhibition by David Frank, an illustrator and book restorer based in Prague. The figure of Lübeck's mayor, Jürgen Wullenwever (right) was made by the sculptor Reinhard Bachmann based on historical sources.

keit werden sich die Kaufleute diese Investition leisten, sie demonstrieren damit auch ihren Wohlstand und zeigen Präsenz in der Stadt. Denn unter dem ständigen Gemurmel der Priester und Kapläne, die gleichzeitig mehrere von Bürgern gestiftete Messen verlesen, werden auch Geschäftsbeziehungen gepflegt.

Die einheimischen Tuchhändler sind für die Kaufleute der Hanse Handelspartner und Konkurrenten zugleich. Wolle und Tuch sind die wichtigsten Exportprodukte des Königreichs und immer vehementer fordern die englischen Fernhändler, vor allem die *Merchant Adventurers*, in Deutschland die gleichen Rechte, wie sie die Kaufleute der Hanse in England genießen. Selbstbewusste Bürger verwalten die reiche und weitgehend selbstständige Handelsmetropole. Und die städtischen Beamten fühlen sich nicht unbedingt daran gebunden, die vom König eingeräumten Sonderrechte

der Hanse jederzeit zu beachten. In diesem Spannungsfeld zwischen englischer Krone, Londoner Stadtrat, einheimischen Tuchhändlern und den Kaufleuten der Hanse brechen immer wieder Konflikte aus.

Krieg um Privilegien

Die Situation eskaliert, als der dänisch-norwegische König Christian I. 1468 sechs englische Handelsschiffe im Sund kapern lässt. Zwar sind an diesem Vorfall in der Meerenge zwischen Dänemark und dem heutigen Südschweden gar keine hansischen Händler beteiligt, dennoch werden sie kurzerhand vom englischen König für die Aktion verantwortlich gemacht. Im November 1468 verurteilt der **Kronrat**⚌ die Hanse bzw. das Londoner Kontor zu Schadenersatz in Höhe von 20.000 Pfund. Mit Ausnahme der Kölner allerdings – sie werden freigesprochen.

Höchst unzufrieden mit diesem Urteil greifen die übrigen Kaufleute der Hanse auf altbewährte Mittel zurück: Im April 1469 beschließt der Hansetag in Lübeck einen Handelsboykott gegen England. Wenig später beginnt das Brügger Kontor mit Unterstützung der Stadt Danzig einen jahrelangen **Kaperkrieg**⚌ gegen englische Schiffe, dem sich viele Hansestädte anschließen. Beigelegt wird der Konflikt erst 1474 nach zähen Friedensverhandlungen in Utrecht. Die Kaufleute dürfen in ihr Kontor zurückkehren, der *Stalhof* geht jetzt sogar in ihren Besitz über und sie bekommen ein Nachbargrundstück hinzu. Die Kölner allerdings, die zwischenzeitlich eine eigene Niederlassung in London

of priests and chaplains simultaneously reading several masses purchased by parishioners, the merchants also maintain their business relationships.

For the Hanseatic merchants the local drapers are trading partners and competitors at the same time. Wool and cloth are England's main export products and the English merchants, especially the *Merchant Adventurers*, become steadily more vociferous in demanding the same rights in Germany as the Hanseatic merchants enjoy in England. The affairs of the rich and largely independent commercial capital are managed by its self-assured citizens. And the officers of the Corporation do not always feel obliged to uphold the privileges granted to the Hanse by the king. This tension between the English crown, the Corporation of London, local drapers and Hanseatic merchants gives rise to repeated conflicts.

Battle for privileges

The situation escalates in 1468 when the Danish-Norwegian king Christian I has six English merchant ships captured in the Sound. The incident in the strait between Denmark and what is now southern Sweden does not actually involve any Hanseatic merchants, but the English king holds them responsible for the lost vessels nonetheless. In November 1468 the **Privy Council**⚌ orders the Hanse, or its London outpost, to pay damages of 20,000 pounds. This does not apply to merchants from Cologne, however, who are acquitted.

Highly dissatisfied with this ruling, the other Hanseatic merchants resort to a tried and tested strategy: In April 1469 a *Hansetag* held in Lübeck votes for a trade embargo against England. Shortly afterwards, the *kontor* in Bruges, with the support of the city of Danzig, begins a **privateer war**⚌ against English shipping, which goes on for many years and is joined by many other Hanseatic towns. After protracted negotiations the conflict is finally settled by the Peace of Utrecht in 1474. The merchants can return to their *kontor*; now they actually own the *Steelyard* and also receive a

---

Kronrat
Privy Council

Politisches Beratungsgremium des englischen Monarchen. Im Mittelalter und in der frühen Neuzeit ist es das höchste Regierungsorgan unter dem König.

A body of political advisors to the English monarch. In the Middle Ages and early modern period it is the highest governing body below the sovereign.

Kaperkrieg
Privateer war

Seekrieg, in dem Handelsschiffe die Schiffe ihres Gegners erbeuten.

A sea war in which merchant ships attack enemy vessels.

Map Labels

N

STADTMAUER
CITY WALL

BISHOPSGATE

BLACKWELL HALL

ST. PAUL'S

Lebensmittel
Foodstuffs

Lebensmittel
Foodstuffs

WATERGATE

DOWGATE

ALL-HALLOW-THE-GREAT

STALHOF /
STEELYARD

THEMSE
THAMES

BILLINGSGATE

TOWER OF
LONDON

LONDON BRIDGE

Märkte
Markets

Tuchmarkt für auswärtige Kaufleute
Wool and cloth market for foreign merchants

London um 1450
London around 1450

Das Kontor der Hanse, der *Stalhof*, liegt direkt an der Themse im Zentrum der Stadt. Da größere Schiffe nicht unter der London Bridge hindurchfahren können, liegen die Handelsschiffe in der Nähe von Billingsgate auf Reede. Die Waren werden dort auf kleinere, flache Schiffe umgeladen und zum Anlegeplatz des Kontors transportiert.

Die Kaufleute der Hanse müssen sich in London auch an Bürgerpflichten beteiligen. Seit Ende des 13. Jahrhunderts sind sie für das Bishopsgate, eines der sieben Stadttore, zuständig. Sie müssen es instandhalten, reparieren und im Kriegsfall verteidigen.

The Hanseatic trading post is called the Steelyard and is situated right on the Thames in the heart of the city. Larger ships cannot pass beneath London Bridge so they moor at the roadstead near Billingsgate. From there the goods are transferred onto small, flat boats called lighters which carry them to the quay of the Steelyard.

In London the Hanseatic merchants also have civic reponsibilities. From the late 13th century onwards they are responsible for Bishopsgate, one of the seven city gates. This entails its maintenance, repair and defence in the event of war.

Handelsvolumen der Hanse
Trading volumes of the Hanse

Anfang des 16. Jahrhunderts machen die Kaufleute der Hanse glänzende Geschäfte in England. Ihr Anteil am englischen Außenhandel beträgt rund 27 Prozent.

Hanseatic merchants run a thriving business in England in the early 16th century, accounting for some 27 per cent of England's overseas trade.

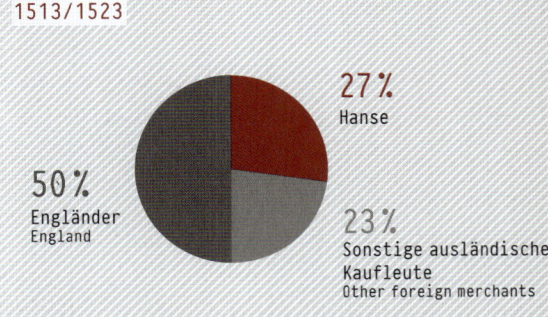

1513/1523

27 %
Hanse

23 %
Sonstige ausländische Kaufleute
Other foreign merchants

50 %
Engländer
England

⚓ Tuchplomben aus London
Cloth seals from London

FUNDORT _____ Gründungsviertel in Lübeck, 2012

DATIERUNG ___ 17. Jahrhundert

MATERIAL _____ Blei, Gold

LEIHGEBER ___ Bereich Archäologie und Denkmalpflege
der Hansestadt Lübeck

PLACE FOUND ___ Founders' Quarter in Lübeck, 2012

DATE _____ 17th century

MATERIAL _____ Lead, gold

LENDER _____ Archaeology and Listed Buildings Department
of the Hanseatic City of Lübeck

M 1:1

Tuchplomben sind im Mittelalter und der frühen Neuzeit die Markenzeichen der Produzenten und Händler.

Cloth seals are a trademark for manufacturers and drapers in the Middle Ages and early modern period.

Mit Tuchplomben kennzeichnen Fernhändler ihre Stoffballen vor dem Weitertransport. Dabei reichen wenige Handgriffe, um die Metallstücke umzubiegen und sicher an der Ware zu befestigen. Die eingravierten Motive – meist Stadtwappen, Hausmarken, Initialen oder Ziffern – lassen Rückschlüsse auf Händler, Hersteller, Qualitätsstufe oder die produzierte Menge der Ware zu. Die große Anzahl der entdeckten Tuchplomben mit unterschiedlichsten Stadtwappen sind Zeugen eines intensiven Warenaustauschs.

In England ist die Blackwell Hall im Nordwesten Londons das Zentrum des Woll- und Tuchhandels. Nur hier dürfen auswärtige Händler ihre Ware einkaufen. Versäumt es ein hansischer Kaufmann, das Tuch vor dem Kauf abzurollen und gründlich zu prüfen, muss er dem Kontor eine Strafe zahlen – so verlangen es die Statuten des _Stalhofs_. Denn manchmal verbirgt sich im Inneren des Ballens schlechte Qualität, weil einige Händler die Laken aus Sommer- und Winterwolle zusammennähen.

Ein beliebtes Druckmittel der einheimischen Fernhändler, um gegen die Privilegien der Hanse in England vorzugehen, ist es, die ungeliebten Konkurrenten mithilfe des Londoner Magistrats vom Handel in der Blackwell Hall auszuschließen. 1577 sperrt die Stadt den Kaufleuten der Hanse den Zugang endgültig. Die beiden Tuchplomben aus London zeugen davon, dass auch danach noch englische Tuche nach Lübeck gebracht werden. Ihre enorme Größe und besonders die Vergoldungsreste auf den Plomben deuten auf eine sehr hohe Qualität der Ware hin.

Merchants used cloth seals to label their bales of fabric for onward transport. The metal seals can be wrapped around the merchandise and attached firmly with just a few movements. A motif is engraved, mostly featuring the town's coat of arms, company marks, initials or numbers, which enable buyers to identify the merchant, manufacturer, quality or quantity of goods produced. The large number of cloth seals that have been found, with many different coats of arms, bear testimony to the volume of goods exchanged.

Blackwell Hall in north-west London is the centre of the English wool and cloth trade. Overseas traders may only buy their merchandise here. If a Hanseatic merchant neglects to unroll the cloth and check it carefully before buying he has to pay a fine to the kontor – that is defined in the statutes of the Steelyard. Often lower grade cloth is hidden in the middle of the bale, because some traders sew the cloth together from summer and winter wool.

One popular way for local long-distance merchants to combat the privileges of the Hanse in England is to stop their unwelcome competitors from trading in Blackwell Hall, with the help of the City of London Corporation. In 1577 the city finally denies access to the Hanseatic merchants for good. The two cloth seals from London indicate that English cloth was still being brought to Lübeck after that date. Their enormous size and especially the traces of gilt on the seals suggest that the goods must have been of very high quality.

ANDRÉ DUBISCH

ist wissenschaftlicher Mitarbeiter am Europäischen Hansemuseum. Für ihn als Archäologen sind Tuchplomben oftmals die einzige Quelle für den Textilhandel zwischen den Hansestädten – denn die Stoffe selbst zersetzen sich im Erdreich schnell.

André Dubisch is scientific researcher at the European Hansemuseum. As an archaeologist, cloth seals are often the only traces he finds of the textile trade between Hanseatic towns; because the fabrics themselves rot away quickly in the ground.

Cyriacus Kale lässt sich 1523 von Hans Holbein dem Jüngeren porträtieren. Er stammt vermutlich aus Braunschweig und handelt mit Fisch, Leinwand und Tuch aus England. Die Inschrift im Bildhintergrund lautet übersetzt: „In allem geduldig". Mit moralischen Botschaften in Kunstwerken wollen sich die Kaufleute des *Stalhofs* dem Betrachter als vertrauenswürdige und solide Geschäftsleute präsentieren.

Cyriacus Kale has his portrait painted by Hans Holbein the Younger in 1523. He probably comes from Braunschweig and deals in fish, linen and cloth from England. The inscription in the background reads, "Ever patient". By putting moralistic messages in their portraits the merchants at the Steelyard aim to present themselves as trustworthy and respectable businessmen.

verhansen
to expel from the Hanse

Eine Stadt aus der Hanse ausschließen. Die Kaufleute dieser Stadt dürfen die Privilegien der Hanse dann nicht mehr nutzen.

To expel a town from the Hanse meant that its merchants could no longer take advantage of the Hanseatic privileges.

gründen und aufgrund ihres Alleingangs im Jahr 1471 **verhanst**☰ werden, erhalten erst 1478 wieder Zugang zum *Stalhof*.

Nach diesem Konflikt verändert sich die innere Organisation des Londoner Kontors. Zwar regeln die Kaufleute ihr Zusammenleben nach wie vor gemeinsam und wählen, jedes Jahr am Neujahrsabend, ihren *Ältermann*. Die letzte Entscheidungsgewalt über die Kontorsordnung aber hat fortan der Hansetag – auch wenn sich der *Stalhof* häufig dagegen sträubt, die gewünschten Regelungen umzusetzen.

Zur richtigen Zeit am richtigen Ort

Um 1500 leben etwa 50.000 Menschen in London, die Stadt ist im Aufschwung. In den nächsten 100 Jahren wird sich die Zahl der Einwohner mehr als verdreifachen. Wer jetzt in London Geschäfte macht, ist zur richtigen Zeit am richtigen Ort. Während die Hanse in Russland gerade alle ihre Privilegien verliert, als der Moskauer Großfürst Zar Iwan III. das Kontor in Nowgorod 1494 plündern und schließen lässt, können die Fernhändler in England noch immer glänzende Geschäfte machen. Der Konflikt mit den englischen Kaufleuten schwelt weiter, doch die Bewohner des *Stalhofs* bemühen sich um gute Kontakte zu ihren englischen Geschäftspartnern, den Beamten der Stadt und des königlichen Hofs. Beliebter Treffpunkt ist das *Rheinische Weinhaus,* wo sie gemeinsam Wein trinken oder Karten spielen.

Doch die Ruhe trügt, jederzeit kann sich das Blatt gegen die Händler im *Stalhof* wenden. Mit teuren Kunstwerken versuchen sie in dieser wechselhaften Zeit ihre Wirtschaftskraft zu unterstreichen und ihren Ruf aufzubessern. Zur Hochzeit des englischen Königs Heinrich VIII. mit Anne Boleyn lassen sie von Hans Holbein dem Jüngeren 1533

plot of adjacent land. Cologne, however, which has since established its own trading post in London and is **expelled from the Hanse**☰ in 1471 for its unilateral action, only gains access to the Steelyard again in 1478.

This conflict prompts changes to the organisational structure of the London *kontor*. The merchants still organise their community themselves and elect their alderman every year on New Year's Eve. But now the Hansetag has the last word on the internal regulations – even if the *Steelyard* often tries to avoid implementing the rules and decisions it imposes.

In the right place at the right time

Around 1500 there are some 50,000 people living in London; the city is flourishing. In the next 100 years the number of inhabitants will go up more than threefold. Anyone doing business in London now is in the right place at the right time. Although the Hanse loses all its privileges in Russia when the Grand Prince of Moscow, Ivan III, plunders and closes the *kontor* in Novgorod in 1494, the merchants in England can still do a roaring trade. The conflict with the English traders smoulders on, but

Die Originalgemälde, die Hans Holbein der Jüngere zwischen 1532 und 1535 für den *Stalhof* anfertigt, wurden bei einem verheerenden Stadtbrand 1666 zerstört. Die beiden Zeichnungen von Lucas Vorsterman dem Älteren aus dem 17. Jahrhundert kommen dem Original sehr nahe. Links: *Triumphzug der Armut*, rechts: *Triumphzug des Reichtums*.

The original murals painted by Hans Holbein the Younger for the Steelyard between 1532 and 1535 were destroyed in the Great Fire of London in 1666. These two drawings by Lucas Vorsterman the Elder are accurate copies from the 17th century. *The Triumph of Poverty* on the left and *The Triumph of Wealth* on the right.

Tableau Vivant

Eine Darstellung von Werken der Malerei oder der Plastik durch kostümierte Akteure.

A representation of paintings or sculptures by costumed actors.

Allegorie

Eine sinnbildliche Darstellung abstrakter Begriffe oder Vorstellungen.

A symbolic depiction of abstract concepts or ideas.

ein aufwendiges **Tableau Vivant**☰ anfertigen. Während der Prozession zu Ehren des Brautpaars sprudelt aus einem Brunnen inmitten eines von Akteuren belebten Triumphbogens rheinischer Wein. Oben thront der griechische Gott Apoll umgeben von musizierenden Musen: *„ein teures und wunderbar geistreiches Schauspiel …"*, notiert der Chronist Edward Hall.

Ehrbare Kaufleute?

Für den Speise- und Versammlungssaal des *Stalhofs* gestaltet der deutsche Künstler, der schon bald zum Hofmaler Heinrichs VIII. aufsteigen wird, zwei riesige Wandbilder von insgesamt neun Metern Länge. Die prunkvollen, stellenweise mit Muschelgold verzierten Gemälde zeigen einen *Triumphzug des Reichtums* und einen *Triumphzug der Armut*. Als **Allegorie**☰ im humanistischen Stil der Zeit sollen sie das moralische Selbstverständnis der Kaufleute veranschaulichen.

the residents at the Steelyard endeavour to maintain good relations with their English partners, the Corporation officers and the Royal Court. One popular meeting place is the *Rhinish Wine House*, where they drink wine together and play cards.

But the peace is deceptive, because things can turn against the merchants in the Steelyard at any time. In these turbulent times they try to emphasise their economic power and improve their reputation with expensive works of art. They have a costly **tableau vivant**☰ designed by Hans Holbein the Younger for the marriage of King Henry VIII to Anne Boleyn in 1533. The procession to honour the bridal couple features a fountain gushing Rhinish wine at the centre of a triumphal arch animated by actors. At the summit sits the Greek god Apollo on his throne, surrounded by muses singing praises. *"a ryght costly pagent …"*, notes the chronicler Edward Hall.

Honest merchants?

For the dining and meeting room in the Steelyard the German artist, who is soon to become the court painter of Henry VIII, designs two enormous murals, both together nine metres long. The monumental paintings, which include gold highlights, depict *The Triumph of Wealth* and *The Triumph of Poverty*. As **allegories**☰ in the humanistic style of the time they are intended to illustrate the merchants' belief in their own morality.

Not without reason, they find it judicious to commit their community to virtuous ideals and present themselves to their guests as people of integrity. In fact, the younger residents of the Steelyard are regularly reproached for their extravagant lifestyle. Above all it is their luxurious clothing that attracts criticism: *"The merchants dress in velvet and silk like kings; there is hardly a boy in the Steelyard without a doublet of satin or damask"*, complains an envoy at the Hansetag held in 1518 in Lübeck. On several occasions the Hansetag adopts stricter sumptuary laws for the kontor, but in London the continental dress codes are largely ignored. In any case,

Nicht ohne Grund sehen sich die Kaufleute veranlasst, ihre Gemeinschaft auf tugendhafte Ideale einzuschwören und sich ihren Hausgästen als integre Händler zu präsentieren: Immer wieder wird den jungen Bewohnern des *Stalhofs* ihr ausschweifender Lebensstil zum Vorwurf gemacht. Vor allem ihre erlesene Garderobe ist den Kritikern ein Dorn im Auge: „*Die Kaufleute gehen in Samt und Seide wie Könige; da ist kaum ein Junge auf dem Stalhof, der nicht ein Wams aus Satin oder Damast hat*", klagt ein Städtevertreter auf dem Hansetag 1518 in Lübeck. Mehrfach beschließt der Hansetag strengere Kleiderordnungen für das Kontor, doch die Stilvorgaben vom europäischen Festland bleiben in London weitgehend ungehört. Wesentlich gravierender als die modischen Eskapaden der jungen Händler wird sich im Geschäftsleben ohnehin ihre offenbar nicht immer tadellose Zahlungsmoral auswirken: Diverse Betrugsfälle sind überliefert.

Schon seit dem 15. Jahrhundert zahlen die Kaufleute ihre Waren in England nicht mehr mit Bargeld und verlassen das Land zuweilen, ohne ihre ausstehenden Kreditzahlungen zu begleichen. Für die Gemeinschaft ein Problem, denn ein guter Leumund ist unerlässliche Voraussetzung für die Kreditgeschäfte.

Vor diesem Hintergrund wundert es nicht, dass der *Triumphzug des Reichtums* die jungen Kaufleute im *Stalhof* sinnbildlich vor der Unbeständigkeit des Schicksals warnt und zur Mäßigung mahnt – und dass die personifizierte Ehrlichkeit bzw. Kreditwürdigkeit (*Bona Fides*; vorne links im Bild) in dem meterlangen Gemälde große Mühe hat, den voranpreschenden Betrug (*Impostura*) zu zügeln.

Ein Blick auf den *Triumphzug der Armut*, der dem Reichtum vorangeht, veranschaulicht das sich wandelnde Weltbild zu Beginn der Neuzeit: Gilt die Armut im Mittelalter noch als unausweichliches Schicksal, so reicht der auf dem Kutschbock thronende Fleiß (*Industria*) den Menschen jetzt Werkzeuge herunter. Wer sie dankbar entgegennimmt und zur Arbeit bereit ist, so die Bildaussage, der kann sich selbst aus der Armut

much more serious than the fashionable escapades of the young merchants are their business ethics, which are obviously not always above reproach: various cases of fraud are recorded. From the 15th century onwards the merchants in England no longer pay for their goods in cash and sometimes they leave the country without settling their outstanding debts. For the community as a whole this is a problem, because a good reputation is an absolute prerequisite for trading on credit.

Under these circumstances it is not surprising that The Triumph of Wealth should symbolically warn the young merchants at the Steelyard of the vicissitudes of fate and urge them to restraint: in the monumental painting the personification of *Bona fides*, good faith or honesty, has great trouble holding back *Imposture*, or fraud which presses forward.

A glance at The Triumph of Poverty, which precedes that of Wealth, illustrates the change in perceptions at the beginning of the modern era. In the Middle Ages poverty is still seen as an inevitable fate, but here the figure of *Industry* passes tools down to the people from the coach box. In the symbolism of the painting, anyone who accepts them gratefully and is willing to work can free themselves from poverty. Work becomes the focus of life – a new ideal for which the Reformation provides a theological

ᛈ

Steppwams
Padded doublet

FUNDORT _____ Nicht bekannt

DATIERUNG ____ ca. 1420 bis 1470

MATERIAL _____ Leinen, Baumwolle

LEIHGEBER _____ Die Lübecker Museen –
St. Annen-Museum

PLACE FOUND ____ Unknown

DATE _____ Around 1420 – 1470

MATERIAL _____ Linen, cotton

LENDER _____ Die Lübecker Museen –
St. Annen-Museum

M 1 : 8

Funde wie dieser Steppwams sind äußerst selten, denn die organischen Stoffe sind naturgemäß sehr vergänglich. Weltweit sind deshalb nur noch drei Wämser dieser Art erhalten.

Finds like this padded doublet are very rare, because the organic fabrics are highly perishable. There are only three surviving doublets of this type in the world.

Das Steppwams ist ursprünglich ein Untergewand, das unter dem Harnisch, einem Brustpanzer, getragen wird. Um die Wucht feindlicher Waffen abzupolstern, werden mehrere Lagen Stoff vertikal abgesteppt und mit Wolle ausgestopft. Das komplizierte Nähmuster zeugt von einer exzellenten Verarbeitung, die wahrscheinlich auf hohe Bewegungsfreiheit abzielt.

Der Übergang vom späten Mittelalter zur frühen Neuzeit im 15. Jahrhundert ist am Variantenreichtum und der Individualisierung der Bekleidung bemerkbar. Das Männerwams löst sich von der Funktion einer schützenden Polsterung und etabliert sich als eigenständiges Kleidungsstück. An diesem Steppwams ist das besonders an der akkurat aufgetragenen dunklen Farbe auf dem Rücken erkennbar. Sie deutet darauf hin, dass das Wams entweder als Obergewand oder über der Rüstung getragen wird.

Seit dem späten 15. Jahrhundert beginnt sich der Adel zunehmend vom aufstrebenden Bürgertum abzugrenzen. Neu verfasste Kleiderordnungen differenzieren jetzt nach Ständen. Auch die prachtvolle Garderobe der jungen

Kaufleute im *Stalhof* bietet immer wieder Anlass zur Kritik. Als Vermittler französischen Sprach- und Kulturguts bringen Kölner Kaufleute die Einflüsse burgundischer Mode nach London, die im Laufe des 15. Jahrhunderts zum Vorbild in ganz Mitteleuropa wird. Es ist sehr wahrscheinlich, dass die jungen Männer im *Stalhof*, die sehr auf ihre Außenwirkung bedacht sind, diesen Einflüssen folgen.

The padded doublet is originally a lining worn beneath a hauberk or cuirass. To protect the wearer against the force of a blow, several layers of fabric are quilted together and stuffed with wool. Here the excellent workmanship can be seen in the elaborate stitching, which is probably intended to ensure greater ease of movement.

The transition from the late Middle Ages to the early modern period in the 15th century is notable for the great variety and individuality of the clothing. A doublet ceases to be merely a padded undergarment and evolves into an article of clothing in its own right. On this model this can be seen clearly by the precise application of dark colour on the back. It suggests that the doublet was either worn as an overgown or on top of armour.

In the late 15th century the nobility begins to differentiate itself from the emerging wealthy merchant class. New sumptuary laws now distinguish between different ranks or stations. The lavish attire of the young merchants in the *Steelyard* is criticised repeatedly. Merchants from Cologne act as middlemen for the French language and culture, bringing the influence of Burgundian court fashions to London, which become a model for the whole of central Europe in the course of the 15th century. It is very likely that they also inspire the young men at the *Steelyard* who attach such importance to their appearance.

FRANZISKA EVERS

ist wissenschaftliche Mitarbeiterin am Europäischen Hansemuseum. Vergeblich hat sie nach Belegen für die in Lübeck kursierende Behauptung gesucht, schwedische Gesandte hätten sich bei Besuchen in der Hansestadt immer ein Stück aus dem Wams herausschneiden dürfen – vermutlich ist es eine urbane Legende.

Franziska Evers is a scientific researcher at the European Hansemuseum. She looked in vain for evidence of the claim sometimes heard in Lübeck that Swedish envoys were entitled to cut a piece out of the doublet when they visited. It is probably an early urban legend.

befreien. Die Arbeit rückt in den Mittelpunkt des Lebens – ein neues Ideal, das mit der Reformation theologisch untermauert wird. Diejenigen, die ihr Schicksal jedoch nicht selbst in die Hand nehmen wollen, werden wie das Elend (*Miseria*) und die Bettelarmut (*Mendicitas;* vorne rechts) auf dem Wandbild an den Rand der Gesellschaft gedrängt – und vom Unglück (*Infortunium*) geschlagen.

underpinning. Those who do not want to accept responsibility for their fate, however, are pushed to the margins of the painting and metaphorically of society, like the wretched *Misery* and *Mendicity* and beaten by *Misfortune.*

Birnenförmige Trinkkrüge aus Stein mit einer bärtigen Gesichtsmaske werden als *Bartmannkrug* bezeichnet und im Rheinland hergestellt. Dieses Original aus dem 16. oder 17. Jahrhundert ist eine Leihgabe des Museum of Londonwurde bei einer Grabung auf dem Areal des *Stalhofs* gefunden.

Pear-shaped vessels made of stoneware and decorated with a bearded face are known as *Bartman jugs.* They were made in the Rhineland. This 16th or 17th century original is a loan from the Museum of London and was found at a dig on the site of the *Steelyard.*

Der Hansetag – ein politisches Großereignis
The Hansetag – a major political event

Auf den Hansetagen fließen die Netzwerke der Kaufleute zusammen – und hier prallen sie auch aufeinander. Im Jahr 1518 reisen Vertreter aus 21 Städten zum 125. Hansetag nach Lübeck. Für einige ein weiter Weg: Aus dem Reiseprotokoll der Danziger Delegierten geht beispielsweise hervor, dass sie drei Wochen mit dem Schiff unterwegs sind, bis sie Travemünde erreichen. Von hier aus geht es weiter mit Pferd und Wagen. Ihr Einzug in die Stadt gleicht einem politischen Großereignis: Trompeter, Paukenschläger, Fiedler, Flötenspieler und Gaukler heißen die Gäste lautstark willkommen. Der Lübecker Rat lässt ihnen den **Ehrenwein**≡ kredenzen. Ratsherren und Bürgermeister dürfen sich dabei, so verraten es

The merchants' networks all come together at the Hansetage – and this is also where they clash. In 1518 representatives of 21 towns travel to Lübeck for the 125th Hansetag. Some of them come a long way: the travel diary of the envoys from Danzig records that they were at sea for three weeks before they reached Travemünde. From there they continue by horse and carriage. Their entrance into the city is a piece of great political theatre: trumpeters, drummers, fiddlers, pipers and jugglers play loudly to welcome the guests. Lübeck city council presents them with a **wine of honour**≡ to mark their arrival. Councillors and mayors are each entitled to about 3.6 litres of this special vintage, according to the notes made in 1504 by the city's cellar master.

After attending morning Mass at St. Mary's Church, the delegates process to the Hanseatic Hall inside Lübeck's Town Hall. Almost every Hansetag begins with an argument about the seating arrange-

Ehrenwein
Wine of honour   ≡

Ein als Geschenk für durchreisende hohe Persönlichkeiten bestimmter Wein.

Wine presented to important visitors as a gift.

Hansetag 1518

Der Lübecker Hansesaal wurde nach historischen Vorlagen rekonstruiert. Der Boden ist noch im Lübecker Rathaus erhalten. Für die Kronleuchter wurden Vorlagen aus Rathäusern der Städte Osnabrück, Münster und Lüneburg variiert.

The Hanseatic Hall was reconstructed on the basis of historical models. The flooring is still in Lübeck Town Hall. For the chandeliers, different models were used from the Town Halls of Osnabrück, Münster and Lüneburg.

Aufzeichnungen des städtischen Mundschenks aus dem Jahr 1504, üblicherweise auf rund 3,6 Liter des edlen Tropfens freuen.

Nach der morgendlichen Messe in der Marienkirche begeben sich die Delegierten gemeinsam zum Hansesaal im Lübecker Rathaus. Fast jeder Hansetag beginnt mit einem Streit um die Sitzordnung. Denn wer welchen Platz einnimmt, spiegelt Bedeutung und Rang der jeweiligen Stadt wider. Noch vor der offiziellen Eröffnung legt 1518 der Hildesheimer Bürgermeister Henning Brandes etliche Beschwerden gegen seine Platzierung hinter Göttingen ein, muss sich aber schließlich mit seinem Sitzplatz zufriedengeben. Mehr Erfolg hat dagegen Werner Uszler, Bürgermeister aus

ments. Because who gets which seat is a reflection of the city's importance and rank. Even before the official opening in 1518, Henning Brandes, the mayor of Hildesheim, lodges several protests about being seated behind Göttingen, but finally has to accept the place he is given. Werner Uszler, the mayor of Goslar, is more successful. After great protests he and his secretary are allowed to take their seats between the representatives of Lüneburg and the councillors from Lübeck.

... until everyone agrees

From 19 June until 14 July 1518 the delegates of the Hanseatic towns meet almost every day, mainly to discuss problems in the trading posts. Having lost their kontor in Novgorod, it is now the trading post in Bruges that causes them the greatest worry. The trouble is that the port at Antwerp has long since supplanted Bruges as a commercial

Goslar. Nach reichlichem Protest darf er sich mit seinem Sekretär zwischen die Vertreter Lüneburgs und die Ratsherren aus Lübeck setzen.

... bis alle sich einig sind

Vom 19. Juni bis zum 14. Juli 1518 diskutieren die Vertreter der Hansestädte in fast täglichen Sitzungen vor allem Probleme in den Kontoren. Nach dem Verlust ihrer Niederlassung in Nowgorod bereitet nun das Brügger Kontor große Sorgen. Denn die Hafenstadt Antwerpen hat der einstigen Metropole Brügge als Handelsplatz längst den Rang abgelaufen. Viele Delegierte sprechen sich dafür aus, die Niederlassung ins attraktivere Antwerpen zu verlegen. Doch nachdem die Vertreter aus Danzig mit mehr als einer Woche Verspätung eintreffen und ihr Bürgermeister Hinrik Wyse entschieden Einspruch gegen das Vorhaben erhebt, ist der Beschluss erst einmal vom Tisch.

Denn nicht die Mehrheit entscheidet auf den Hansetagen, die Delegierten müssen ihre Beschlüsse gemeinsam herbeiführen. Gibt es auch nur eine Gegenstimme, geht die Beratung weiter, bis alle sich einig sind – oder sie wird vertagt. Die Rolle der Sitzordnung ist in diesem Verfahren nicht zu unterschätzen. Denn wer zuerst reden darf, hat bessere Chancen, alle anderen durch seine Argumentation zu beeinflussen. Zudem kommt den Delegierten im Beschlussverfahren ihr Netzwerk zugute. Hat jemand enge Kontakte oder gar familiäre Verbindungen zu Vertretern der anderen Städte, kann er mit ihnen sogar schon im Vorfeld eine gemeinsame Strategie

Tuschezeichnung des Hansesaals im Lübecker Rathaus von Ernst Christian Krüger, 1818.

Ink drawing of the Hanseatic Hall in the Lübeck Town Hall by Ernst Christian Krüger, 1818.

absprechen. So gibt es zwar durchaus eine Rangordnung innerhalb der Hanse, eine hierarchische Spitze mit Entscheidungsbefugnissen aber bildet sich nicht. Ob in den Fahrtgemeinschaften, den Kontoren oder auf dem Hansetag: Alle Mitglieder sind einander rechtlich gleichgestellt.

Beste Freunde, erbitterte Konkurrenten

Mit dem Eintreffen der Vertreter aus Danzig bricht ein alter Konflikt wieder auf: Lübecker Kaperfahrer haben während des Kriegs gegen Dänemark und Holland zwischen 1510 und 1512 auch Danziger Frachtsegler mit holländischen Waren an Bord überfallen. Eine Entschädigung aber bleibt die Stadt Lübeck seither schuldig. Andererseits sind auch die Danziger in dieser Angelegenheit nicht gerade zimperlich – sie lassen die gesamte Besatzung eines Lübecker Kaperschiffs hinrichten.

centre. Many of the delegates are in favour of moving the kontor to the more attractive Antwerp. But following the arrival of the the delegates from Danzig, more than a week late, and the objections made by their mayor Hinrik Wyse, the proposal is buried.

Because decisions at the Hansetag are not taken by majority vote, but by the unanimous consent of the delegates. If there is just one dissenting vote the debate continues until everyone agrees – or the matter is adjourned. With this procedure the importance of the seating arrangements should not be underestimated. Because those who speak first have a better chance of influencing those who speak after them with their arguments. Furthermore, the delegates are helped in this voting procedure by their networks. If someone has close contacts or even family ties to representatives of other towns they can even coordinate a joint strategy with them in advance.

So although there is an order of precedence within the Hanse, a hierarchical leadership with executive powers does not exist. All members have the same legal status, whether in the travelling groups, in the trading posts or at the Hansetag.

Best friends, fierce competitors

An old conflict flares up again when the envoys from Danzig arrive. During the war fought against Denmark and Holland from 1510 to 1512, privateers from

Das Schwert aus dem 12. Jahrhundert (links) ist eine Leihgabe des Lübecker St. Annen-Museums. Auch im frühen 16. Jahrhundert sind die Kaufleute stets bewaffnet. Die Figur des Bremer Bürger- meisters Heinrich Krefting (rechts) hält ein paar Handschuhe – ein Zeichen seiner angesehenen gesellschaftlichen Position.

The 12th century sword (left) is a loan from the St. Annen Museum in Lübeck. Even in the early 16th century, merchants are always armed. The figure of the Bremen mayor, Heinrich Krefting (right) is holding a pair of gloves – a sign of his respected position in society.

Vorlage für diese Gestühlswange im Hansesaal ist ein Original aus dem Lübecker St. Annen-Museum.

This bench panel in the Hanseatic Hall is based on an original kept in the St.-Annen Museum in Lübeck.

Über mehrere Tage wird die Angelegenheit hitzig diskutiert und schließlich mit einem Schiedsspruch beendet: Die Parteien sollen ihren Streit beilegen und ihre gegenseitigen Ansprüche als abgegolten betrachten. Wütender Protest regt sich nach diesem Urteil unter den Danzigern: Sie bezweifeln die Neutralität der Schiedsrichter aus Dortmund, Riga und Göttingen und werfen ihnen vor, sich mit den Lübeckern abgesprochen zu haben. Den rauen Auseinandersetzungen zum Trotz wohnt die Danziger Delegation allerdings während ihres gesamten Aufenthalts in Lübeck bei der Ratsfamilie Castorp in der Königstraße 42. Denn oft ist es nur ein schmaler Grad, der Freundschaft und Konkurrenz unter den Fernhändlern trennt.

Lübeck also attacked ships from Danzig that were carrying Dutch cargo. Lübeck has never paid any compensation for these losses, however. On the other hand, the city of Danzig was not exactly a model of restraint either – it arrested the crew of a privateer from Lübeck and had all the mariners executed. The matter is discussed heatedly for days and finally brought to a close by a ruling that the parties should bury the hatchet and consider their mutual recriminations to be settled. This verdict provokes angry protests from the Danzig camp: they doubt the neutrality of the arbitrators from Dortmund, Riga and Göttingen and accuse them of colluding with the Lübeckers. Despite these altercations, the delegates from Danzig stay with the Castorps, a family of councillors, at their house in Königstraße 42 for the duration of their stay in Lübeck. Indeed, it is often a fine line between friendship and competition among the long-distance merchants.

A good example of how the merchants use their business contacts to further their own political ends can be seen in Gerhard van Wesel, a trader from Cologne. During the conflict between the Hanse and England that lasted from 1468 to 1474 (see page 56), the merchants from Cologne went their own way and set up a separate trading post in London. Having made their peace with the English crown, the Hanse is reluctant to admit them to the Steelyard again. In 1476 Gerhard van Wesel, who was once an alderman in the English kontor, therefore writes a letter to the Lübeck councillor Hinrik Castop, whose brother is a business partner of his. "*For the sake of old acquaintance and friendship*" he asks him to support his readmission to the Steelyard. When three years later he has still not been allowed to return to London, he writes again to his "*good friends*" in Lübeck and mentions that he would be happy to send "*six barrels of good wine*" from among "*the best produced on the Rhine this year*" if they would put in a good word for him at the Hansetag.

Wie die Kaufleute Geschäftskontakte auch für ihre eigenen handelspolitischen Ziele einsetzen, zeigt sich am Beispiel des Kölner Kaufmanns Gerhard van Wesel. Nachdem die Fernhändler aus Köln während des Konflikts zwischen der Hanse und England in den Jahren 1468 bis 1474 (vgl. S. 56) im Alleingang eine eigene Niederlassung in London gründen, zögert die Hanse, sie nach dem Friedensschluss mit der englischen Krone wieder in den *Stalhof* aufzunehmen. Gerhard van Wesel, einst *Ältermann* im Londoner Kontor, wendet sich daher 1476 in einem Brief an den Lübecker Ratsherrn Hinrik Castorp, mit dessen Bruder er geschäftlich verbunden ist. *„Um alter Bekanntschaft und Freundschaft willen"* bittet er ihn, seine Wiederaufnahme in den *Stalhof* zu unterstützen. Als er drei Jahre darauf noch immer nicht nach London zurückkehren darf, fragt er bei seinen *„guten Freunden"* in der Travestadt erneut an und lässt sie wissen, dass er ihnen auch gerne *„sechs Fässer guten Weins"* spendieren wolle, *„des besten, der dieses Jahr am Rheinstrom gewachsen ist"*, wenn diese für ihn auf dem Hansetag ein gutes Wort einlegen.

deren wirtschaftliche und politische Freiheiten aber stellen sie immer offensiver infrage. Einige Städte verbünden sich daher zu sogenannten Tohopesaten, um sich gemeinsam besser gegen die Übergriffe des Adels wehren zu können. Viele kleinere Orte aber geben dem Druck nach.

Auch 1518 beschäftigt dieses Thema die Delegierten. Hat nämlich eine Stadt ihre Autonomie gegenüber dem Landesherrn weitgehend verloren, dann ist sie auch verpflichtet, ihm von den Ergebnissen des Hansetags zu berichten – und das gilt es unbedingt zu vermeiden. Denn alles, was auf den Versammlungen diskutiert und beschlossen wird, soll keinesfalls nach außen dringen. Daher entscheiden die Gesandten, insgesamt 22 Städte – unter anderem Uelzen, Arnheim, Breslau und Paderborn – künftig nicht mehr zu den Hansetagen einzuladen. Die Kaufleute aus diesen Städten dürfen zwar weiterhin die Privilegien der Hanse nutzen, über die gemeinsame Politik aber bestimmen sie künftig nicht mehr mit. So teilt sich die Mitgliedschaft der Hanse Anfang des 16. Jahrhunderts in zwei Gruppen mit unterschiedlichen Rechten.

Powerful princes

Whereas the quarrels among one another can generally be settled, the growing power of the regional nobility is becoming an existential problem for many Hanseatic cities. The relationship between them and the ruling lords has been tense since the 15th century. Although the rulers appreciate the towns' commercial networks, they are become increasingly aggressive about challenging their economic and political liberties. So some towns form a defence alliance known as a Tohopesate in order to prevent the nobles from encroaching on their rights. Many smaller towns bow to the pressure, however.

In 1518 this is again a topic of debate for the delegates. Because once a town has lost its autonomy from the local ruler, it is obliged to report to him on the resolutions adopted by the Hansetag; and this is something to be avoided at all cost. Because all the debates and decisions taken at the meeting are intended to be kept strictly confidential. So the delegates decide that 22 towns, including Uelzen, Arnheim, Breslau and Paderborn, should not be invited to future Hansetage. Merchants from these towns are still allowed to use the privileges of the Hanse, but they are no longer involved in defining its policies. And so in the early 16th century, membership of the Hanse splits into two groups with different rights.

Starke Fürsten

Während die Querelen untereinander in der Regel beigelegt werden können, wird die wachsende Macht der Fürsten hingegen für viele Hansestädte zum existenziellen Problem. Schon seit dem 15. Jahrhundert ist das Verhältnis zwischen ihnen und den Landesherrschern gespannt. Die Fürsten schätzen zwar die guten Handelsbeziehungen der Städte,

---

Tohopesate

Ein politisches Bündnis der Hansestädte zur Abwehr innerer und äußerer Gefahren. Der Begriff kommt aus dem Mittelhochdeutschen und bedeutet wörtlich *zusammensetzen*.

A political alliance among Hanseatic towns to ward off internal and external threats. The term comes from the Middle High German and literally means *to put together*.

Neue Zeiten
A new era

An der Schwelle zur Neuzeit, im Verlauf des 16. Jahrhunderts, verschieben sich die politischen und wirtschaftlichen Koordinaten und es entsteht ein neues Weltbild. War das Leben der Christen im Mittelalter vor allem auf das Jenseits ausgerichtet, gewinnt nun das irdische Dasein an Bedeutung. Die Humanisten rücken den Menschen in den Mittelpunkt und Kopernikus entdeckt, dass die Erde nicht im Zentrum des Universums steht. Die Thesen Martin Luthers und anderer Reformer verändern das religiöse Leben. Nicht mehr die Kirche allein bestimmt über den Glauben, jeder Einzelne ist aufgerufen sich mit den biblischen Inhalten auseinanderzusetzen.

„... eine ganz neue gefährliche Sekte und Lehre"

Rasch verbreitet sich die neue Lehre auch im niederdeutschen Sprachraum. Bereits 1521 bekennen sich die ersten Hansestädte zur Reformation. Nicht selten geht der Wandel mit politischen Umstürzen einher, die Bürger fordern mehr Mitbestimmungsrechte, der alte Stadtrat wird abgesetzt. 1525 setzt der Hansetag das Thema auf die Tagesordnung, denn nichts fürchten die dort versammelten Ratsherren mehr, als in ihren Heimatstädten die politische Macht zu verlieren. Der Lübecker Bürgermeister Hermann Meyer warnt vor „*eine[r] ganz neue[n] gefährliche[n] Sekte und Lehre*".

Den Lauf der Dinge aber können die Delegierten mit ihren Verboten nicht aufhalten. Schon bald setzt sich die Reformation in den meisten niederdeutschen Städten durch. Ist eine Stadt hoch verschuldet, wie beispielsweise Lübeck, hilft auch die Aussicht auf das beträchtliche Kirchenvermögen dem Rat, sich für den neuen Glauben zu entscheiden. Denn mit dem Bekenntnis zur Reformation werden die weltlichen Regierenden zu Verwaltern der Kirchengüter.

Davon profitieren allerdings nicht nur die Städte. Auch die Landesherrscher können plötzlich über enorme finanzielle Mittel verfügen, wenn sie den evangelischen Glauben annehmen. Mit den frischen Geldern bauen die Fürsten ihre Macht weiter aus. Innerhalb der Hanse führen die verschiedenen Konfessionen zu zahlreichen Konflikten. Einige Städte behalten den alten Glauben und zwischen den Anhängern Luthers und Reformierten, beispielsweise Calvinisten, herrscht bald erbitterter Streit. Europa stürzt in eine lange Phase verheerender Glaubenskriege.

Over the course of the 16th century, at the cusp of the modern era, there is a shift in the political and economic parameters and a new world view emerges. In the Middle Ages the lives of Christians were essentially focused on the hereafter, but now their earthly existence becomes more important. Renaissance humanists put human beings on centre stage and Copernicus discovers that the Earth is not the centre of the Universe. Religious life is altered by the theses of Martin Luther and other reformers. The Church is no longer the sole arbiter of the faith – everybody is called on to interpret the contents of the Bible for themselves.

"... a dangerous completly new sect and teachings"

The new doctrines spread quickly, also in Low German areas. By 1521 the first Hanseatic towns have adopted the creed of the Reformation. Often the religious reform is accompanied by political upheaval; commoners demand a greater say and the old council is deposed. In 1525 the Hansetag puts the matter on the agenda, because nothing scares the assembled councillors more than the prospect of losing political power in their home towns. Hermann Meyer, the mayor of Lübeck, warns of "*a dangerous, completely new sect and teachings*".

The delegates' prohibitions cannot stop the course of events, however. Soon the Reformation has become an established fact in most Low German towns. If a town is heavily indebted, as is the case with Lübeck, the opportunity to confiscate the Church's considerable assets also smooths the council's conversion to the new faith. Because by recognising the Reformation, the secular government takes over the administration of the Church's possessions.

Glauben
Faith

Seit dem 13. Jahrhundert sind die Dominikanermönche in Lübeck Beichtväter und Vertraute der Kaufleute. 1531 werden sie im Zuge der Reformation aus dem *Burgkloster* vertrieben.

Dominican friars have been confessors and confidants to the merchants in Lübeck since the 13th century. In 1531 they are expelled from the Castle Friary in the course of the Reformation.

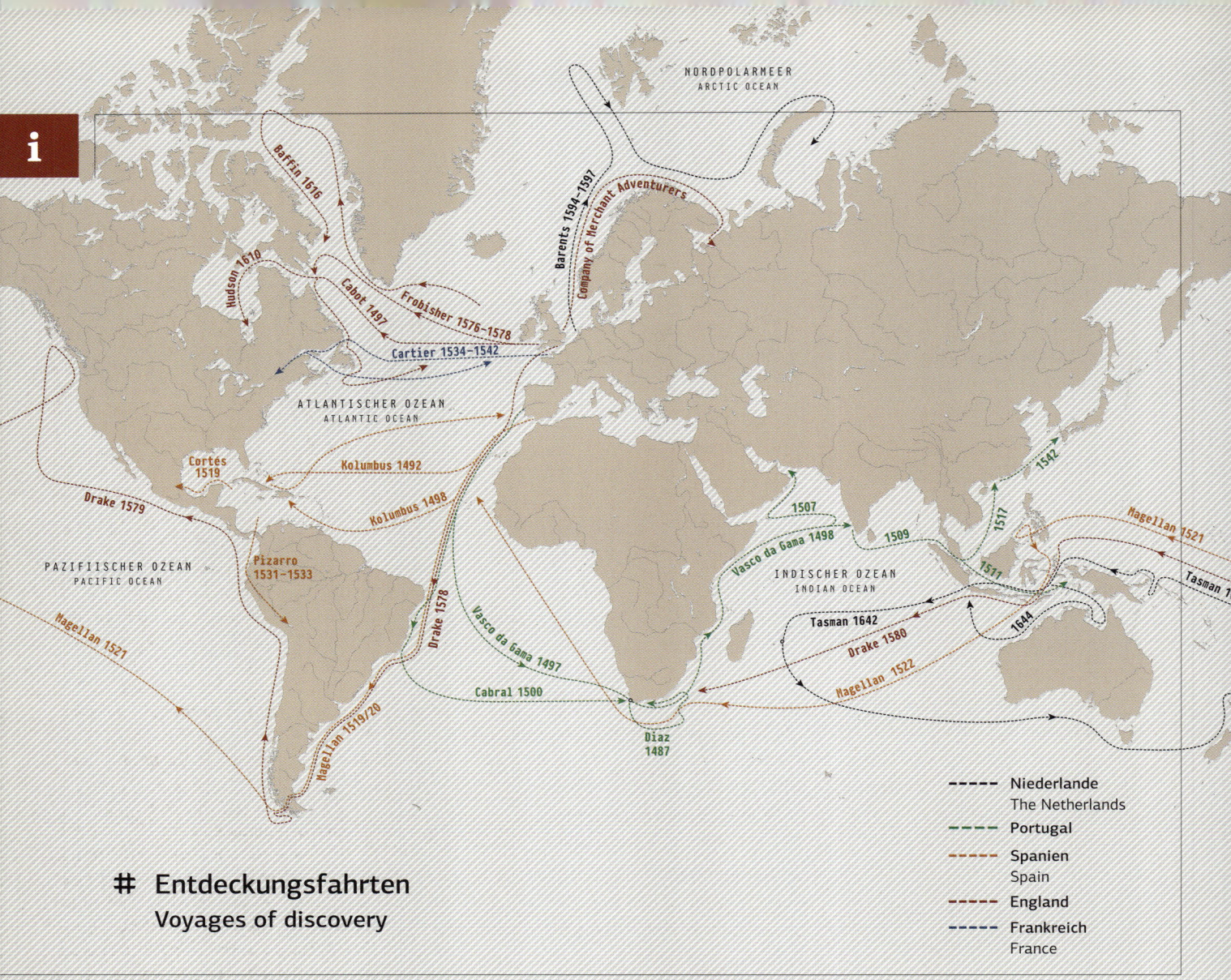

Labels on map:
NORDPOLARMEER
ARCTIC OCEAN

Baffin 1616

Hudson 1610

Cabot 1497

Frobisher 1576–1578

Cartier 1534–1542

Barents 1594–1597

Company of Merchant Adventurers

ATLANTISCHER OZEAN
ATLANTIC OCEAN

Cortés 1519

Kolumbus 1492

Drake 1579

Kolumbus 1498

PAZIFIISCHER OZEAN
PACIFIC OCEAN

Pizarro 1531–1533

Drake 1578

Vasco da Gama 1497

Cabral 1500

Magellan 1521

Magellan 1519/20

Díaz 1487

1507

Vasco da Gama 1498

1509

INDISCHER OZEAN
INDIAN OCEAN

Tasman 1642

Drake 1580

Magellan 1522

1517

1511

1542

Magellan 1521

Tasman 16

1644

Entdeckungsfahrten
Voyages of discovery

Niederlande
The Netherlands
Portugal
Spanien
Spain
England
Frankreich
France

Die Welt wird größer …

Zur gleichen Zeit erreicht die Welt für die Europäer ungeahnte Dimensionen. 1492 landet Christoph Kolumbus auf einem neuen Kontinent, sechs Jahre später entdeckt Vasco da Gama einen Seeweg nach Indien. Fortan segeln Kaufleute aus Spanien, Portugal, den Niederlanden, England und Frankreich über die großen Ozeane, um neue Kostbarkeiten nach Europa zu schaffen. Der globale Fernhandel entwickelt sich schnell und die Hafenstädte an der europäi-schen Atlantikküste wie Antwerpen und später Amsterdam steigen zu neuen Wirtschaftsmetropolen auf.

Für die Kaufleute der Hanse blei-ben Nord- und Ostsee die wichtigs-ten Märkte, aus denen sie ihre Kon-kurrenten noch immer fernhalten so gut es geht. Doch die entdecken jetzt andere Routen: Die englischen **Merchant Adventurers**≡ gründen 1551 eine Kompagnie, um einen eigenen Seeweg nach China und Indien zu erkunden – und vielleicht

It is not only the towns which benefit. Suddenly the landed nobility can acquire enormous riches by converting to the Protestant faith. The lords use the influx of fresh capital to extend their power. Within the Hanse the presence of different confessions results in numerous conflicts. Some towns remain Catholic and soon there are also bitter controversies between the followers of Luther and reformist movements like that of Calvin. Europe stumbles into a long phase of devastating wars of religion.

noch weitere bisher unbekannte Plätze aufzuspüren. 1553 segeln sie einmal um Skandinavien herum, landen bei Archangelsk am Weißen Meer in Russland und können ihre Tuche fortan ins Zarenreich bringen, ohne die umkämpfte Ostsee passieren zu müssen. Schon bald folgen auch die Niederländer dem neuen Kurs.

... und die Hanse?

Vor allem Lübeck und die wendischen Städte machen in der Ostsee weiter gute Geschäfte. Doch die neuen Handelsrouten nach Übersee sind viel lukrativer. Wer jetzt in den Atlantikhandel einsteigt, kann hohe Gewinne einstreichen. Für die Hansestädte an der Nordseeküste wie Hamburg oder Bremen eröffnen sich neue Chancen – sie heften sich bald an die Fersen der großen Handelsnationen. Auch Danzig profitiert von der neuen Situation. Die Kaufleute der Stadt verlegen sich auf den Getreideexport, denn Lebensmittel sind in den rasant wachsenden Städten jetzt gefragt. Zwischen 1492 und 1583 steigt die Getreideausfuhr der Stadt von 25.000 auf 120.000 Tonnen und bis zum Jahr 1618 sogar noch einmal um fast das Doppelte auf 232.000 Tonnen. Zugleich schiffen die Danziger Fernhändler ihre Waren immer häufiger auf den Seglern ihrer einstigen Konkurrenten, den Niederländern, ein.

So driften die Interessen der hansischen Kaufleute im Verlauf des 16. Jahrhunderts immer weiter auseinander. Zugleich bietet die lockere Organisationsform der Hanse ihren

The world gets bigger ...

At the same time the world takes on dimensions that were unimaginable for Europeans. In 1492 Christopher Columbus lands on a new continent, and six years later Vasco da Gama discovers a sea route to India. Merchants from Spain, Portugal, the Netherlands, England and France now ply the seven seas to bring new treasures to Europe. Global trade develops quickly and ports on the European Atlantic coast, like Antwerp and later Amsterdam, become the new economic powerhouses.

For the Hanseatic merchants the North Sea and the Baltic remain the most important markets, which they try to keep out of reach of their competitors as far as possible. But they are now opening up new routes: in 1551 the English **Merchant Adventurers**≡ set up a company to find their own way to China and India – and maybe to discover more previously unknown destinations. In 1553 they circumnavigate Scandinavia for the first time, land at Archangelsk on the White Sea in Russia and can then transport their cloth to the Tsardom without having to pass the disputed Baltic Sea. Soon the Dutch have adopted this new track too.

Zwischen 1519 und 1521 segelt der Portugiese Ferdinand Magellan einmal um die ganze Welt. Auf dieser Karte von Battista Agnese aus dem Portolanatlas (1579) ist seine Route eingezeichnet.

Between 1519 and 1521 the Portuguese mariner Ferdinand Magellan circumnavigates the globe. His route is shown on this map by Battista Agnese from the Portolan Atlas (1579).

Merchant Adventurers ≡

Englische Fernhändler, die mit verschiedenen Waren im Ausland handeln. Aus ihrem Kreis gründet sich 1551 die Kompagnie *The Mystery, Company, and Fellowship of Merchant Adventurers for the Discovery of Regions, Dominions, Islands, and Places Unknown.*

English merchants who trade overseas in a variety of goods. In 1551 a number of them form *The Mystery, Company, and Fellowship of Merchant Adventurers for the Discovery of Regions, Dominions, Islands, and Places Unknown.*

Dr. Heinrich Sudermann, Jurist und Sohn einer Patrizierfamilie aus Köln, vertritt die Hanse seit 1556 nach außen. Die Figur wurde von dem Bildhauer Reinhard Bachmann nach historischen Vorlagen gefertigt.

Dr Heinrich Sudermann, lawyer and son of a patrician family from Cologne, represents the Hanse externally from 1556. This waxwork figure was made by the sculptor Reinard Bachman on the basis of historical sources.

Syndikus
Legal officer

Ein juristisch geschulter Mitarbeiter, der für die Rechtsangelegenheiten eines Unternehmens oder einer Organisation zuständig ist.

An officer with legal training who is responsible for the legal affairs of a company or an organisation.

Rivalen in einer Zeit aufkommender Bürokratie die ideale Angriffsfläche. Die *Merchant Adventurers* fordern beispielsweise immer vehementer zu erfahren, wer der Hanse angehört und die von der englischen Krone verliehenen Privilegien eigentlich nutzen darf und wer nicht.

Mit der Einstellung eines Juristen reagiert die Hanse 1556 auf die neuen Verhältnisse. Fortan soll der Kölner Dr. Heinrich Sudermann das Bündnis als **Syndikus** nach außen vertreten. Zudem schließen sich auf dem Hansetag im Jahr darauf vermutlich 63 Städte zu einer schriftlich fixierten Konföderation zusammen. Nur mühsam kommt jedoch die Allianz zustande, denn während Binnenstädte wie Braunschweig vor

... and the Hanse?

Lübeck and the other Wendish towns can still do good business in the Baltic Sea. But the new transcontinental trade routes are more lucrative. Anyone who gets a foothold in the Atlantic market now can earn a fortune. For the Hanseatic cities on the North Sea coast like Hamburg and Bremen this opens up new opportunities – they are soon riding on the coat-tails of the great trading nations. Danzig also benefits from the new situation. Its merchants switch to exporting grain, because there is now great demand for foodstuffs in the fast growing towns. Between 1492 and 1583 the city's grain exports go up from 25,000 to 120,000 tonnes and by 1618 they almost double again to 232,000 tonnes. At the same time the Danzig merchants now increasingly transport their goods on ships owned by their former competitors, the Dutch.

allem ein Schutzbündnis suchen, um sich ihrer mächtigen Landesherren besser erwehren zu können, sehen Städte wie Köln und Danzig die Hanse in erster Linie als Garant ihrer verbliebenen Privilegien im Ausland.

Ein neues Haus in Antwerpen

Als die Hanse in den 1520er-Jahren nach langem Zögern endlich beschließt, ihr Brügger Kontor nach Antwerpen zu verlegen, lässt sie unter Aufsicht des neuen Syndikus zwischen 1564 und 1568 ein repräsentatives Kontorhaus in der aufstrebenden Metropole errichten. Wie in London sollen die Kaufleute hier gemeinsam leben und ihre Geschäfte abwickeln. Doch einige Fernhändler durchkreuzen den Plan. Die Idee eines kontrollierten Zusammenlebens in einem herrschaftlich anmutenden Gebäude entspricht zwar durchaus den Vorstellungen der Zeit, die von zunehmender Bürokratisierung und Zentralisierung geprägt ist – aber nicht den Gewohnheiten der Kaufleute.

An den verschiedenen Handelsplätzen haben sich im Laufe der Jahrhunderte ganz unterschiedliche Formen des gemeinsamen Wirtschaftens entwickelt. In Antwerpen leben die Händler, wie schon zuvor in Brügge, nicht gemeinsam auf einem Gelände, sondern in Herbergen und später sogar mit ihren Familien in eigenen Häusern. Eine hierarchisierte Struktur, die in allen Kontoren die gleichen Regeln des Zusammenlebens vorsieht, widerspricht den individuellen Interessen der selbstbewussten Kaufleute. Zudem können die Fernhändler

vielerorts inzwischen auch ohne den Schutz und die Privilegien der Hanse gute Geschäfte machen. Denn anders als zu Beginn der Hansezeit, als es noch von existenzieller Bedeutung war, im Verbund in die Ferne zu reisen, sind sie auf den Beistand des Kontors nicht mehr zwingend angewiesen. Die Gesetze im Ausland schützen inzwischen auch fremde Kaufleute besser als zuvor. So kehren einige angesehene Fernhändler der Hanse den Rücken und verzichten fortan auf die Unterstützung des Bündnisses.

Dem ehrgeizigen Bauprojekt in Antwerpen machen jedoch von Beginn an nicht nur interne Probleme zu schaffen. 1566 erheben sich die protestantischen Stände der nördlichen niederländischen Provinzen gegen den katholischen Monarchen Philipp II., zu dessen Königreich Spanien auch die Niederlande zählen. Im darauffolgenden Achtzigjährigen Krieg (1568 bis 1648) blockieren die Spanier Antwerpen immer wieder, der Tuchmarkt bricht ein. Als spanische Truppen die Stadt 1584 belagern und plündern, müssen die niederdeutschen Kaufleute Antwerpen verlassen und kehren anschließend nicht wieder in ihre Niederlassung zurück. Damit ist nach Nowgorod das zweite der vier wichtigsten Kontore der Hanse verloren. Amsterdam entwickelt sich zur nächsten großen Wirtschaftsmetropole in Europa und die Niederländer steigen zur stärksten Handelsnation Europas auf.

Heftig kriselt es inzwischen auch in den Beziehungen der Hanse zu England: Angesichts der Einbrüche im europäischen Tuchmarkt protegiert die englische Krone die

And so over the course of the 16th century the interests of the Hanseatic merchants gradually diverge. At a time of increasing bureaucracy, the loose organisational structure of the Hanse also makes an ideal target for the merchants foreign rivals. The *Merchant Adventurers*, for example, insist ever more vehemently on being told who the Hanse belongs to and who is actually entitled to use the privileges granted by the English crown.

In 1556 the Hanse responds to the changing circumstances by recruiting a lawyer. Dr Heinrich Sudermann from Cologne is appointed to represent the league as its legal officer. And the following year, a total of probably 63 towns sign a written agreement to form a confederation. But the alliance finds it difficult to gain traction, because whereas inland towns like Braunschweig are primarily looking for mutual protection against their powerful regional rulers, cities like Cologne and Danzig essentially see the Hanse as a guarantee for their remaining privileges abroad.

A new house in Antwerp

In the 1520s the Hanse finally decides after much hesitation to move its *kontor* from Bruges to Antwerp, and between 1564 and 1568 it has a prestigious house built in the emerging metropolis under the supervision of the new legal officer. As in London, the merchants are meant to live communally and conduct their business here. But some merchants put a stop to that plan. The idea of living together as a controlled community in a stately mansion is certainly in tune with the prevailing mood, which is marked by increasing bureaucracy and centralisation – but it does not suit the habits of the merchants.

Over the centuries the various trading posts have developed very different ways of doing business together. In Antwerp, as previously in Bruges, the merchants do not live all together on one site, but in hostels and later even with their families in their own houses. A hierarchical structure, with the same rules for community living applying

einheimischen Tuchhändler immer stärker. Als der römisch-deutsche Kaiser Rudolf II. 1597 den *Merchant Adventurers* auf Betreiben der Hansestädte den Tuchhandel in seinem Herrschaftsgebiet untersagt, reagiert die englische Königin Elizabeth I. 1598 resolut: Sie entzieht den hansischen Kaufleuten alle Privilegien in England, lässt den Stalhof schließen und die niederdeutschen Fernhänd-

ler ausweisen. Klagend beschreibt ein Bewohner seinen Auszug: *„Am 4. August seint wir entlichen, weil es immer anders nicht sein mugen, mit betrübnis unseren Gemüts, der Aldermann Heinrich Langemann voran und wir andern hiernacher zur Pforte hinausgegangen, und ist die Pforte nach uns zugeschlossen worden, haben auch die Nacht nicht darin wohnen mögen. Gott erbarm es."* Machen die Kaufleute zu Beginn des 16. Jahrhunderts noch glänzende Geschäfte in London, müssen sie sich im Sommer 1598 nun auch von ihrem dritten großen Kontor verabschieden.

Der letzte Hansetag

Anhaltende Konfessionskonflikte und Streit um die Vorherrschaft in Europa münden 1618 im Dreißig-

in all the *kontors*, goes against the individual interests of the self-confident merchants. Furthermore, in many commercial centres the traders can now do good business without the protection and privileges of the Hanse. Because in contrast to the early days of the Hanse, when travelling in a group was a vital necessity for long-distance trading, they no longer depend to the same extent on the support of the *kontor*. Foreign laws now also protect merchants from abroad better than before. So some respected merchants turn their backs on the Hanse and decide to do without the assistance of the alliance.

From the outset, however, such internal issues are not the only difficulties for the ambitious construction project. In 1566 the Protestant communities in the northern Dutch provinces rebel against the Catholic monarch Philipp II of Spain, who is also sovereign of the Netherlands. During the ensuing Eighty Years' War the Spanish repeatedly block the port of Antwerp, causing the cloth market to collapse. When Spanish troops besiege and then capture the city in 1584, the Low German merchants had to leave Antwerp. They were never to return to their trading house. So after Novgorod, the second of the four main Hanseatic kontors is lost. Amsterdam now takes over as the main commercial centre and the Netherlands become the most important trading nation in Europe.

Relations between the Hanse and England are also fraught. The collapse of the European cloth market means that the English crown extends its protectionist measures for national drapers. When in 1597 the Holy Roman Emperor Rudolf II bans the *Merchant Adventurers* from trading cloth in his dominions, the English queen Elizabeth I responds resolutely by revoking all the Hanse's privileges in England in 1598. She has the Steelyard closed and expels the Low German merchants. One resident morosely describes his departure: *"On 4 August, with great sorrow in our hearts, because how should it be otherwise, we finally followed our alderman Heinrich Langemann out through the gate and the gate was locked behind us, for*

jährigen Krieg. Zwar erleiden die Hansestädte mit Ausnahme Magdeburgs meist nur geringe Schäden und auch die wirtschaftlichen Einbußen halten sich in Grenzen. Doch in den Wirren der Kämpfe, in denen Söldnertruppen quer durch Europa ziehen und ganze Landstriche verwüsten, versucht jede Stadt irgendwie allein zurechtzukommen. Da die Kommunikation immer schwieriger wird, beschließt der Hansetag 1629, dass Hamburg, Bremen und Lübeck das Bündnis fortan allein vertreten sollen.

Nach Kriegsende bemühen sich die drei Städte mehrfach, einen neuen Hansetag einzuberufen.

Doch erst 40 Jahre nach der letzten Zusammenkunft, im Jahr 1669, folgen sechs Städte der Einladung; drei weitere lassen sich vertreten. Wieder einmal wird viel diskutiert, einen bedeutenden Beschluss aber fassen die Delegierten nicht – einiges wird vertagt. Dass es ihr letztes Treffen sein wird, wissen die Städtevertreter zu diesem Zeitpunkt noch nicht. Doch ein weiterer Hansetag kommt nicht mehr zustande.

So zerfällt das über viele Jahrhunderte einflussreiche Bündnis der Hanse in zahlreiche kleine Netzwerke, die jetzt nicht mehr gemeinsam, sondern unabhängig voneinander agieren.

we did not even want to spend the night there. Lord have mercy." So although at the beginning of the 16th century the merchants were still doing a roaring trade in London, in the summer of 1598 they have to bid farewell to their third *kontor.*

The last Hansetag

Ongoing religious strife and a struggle for primacy in Europe result in the Thirty Year's War which begins in 1618. With the exception of Magdeburg, most of the Hanseatic towns do not suffer much damage, and their commercial losses are also limited. But in the fog of war, with troops of mercenaries marauding throughout Europe, laying whole areas to waste, every town tries to get by on its own as best it can. As communication becomes more and more difficult, a resolution is taken at the Hansetag in 1629 that Hamburg, Bremen and Lübeck can now represent the league alone.

After the end of the war the three cities try repeatedly to convene a new Hansetag. But it is only 40 years after the last assembly, in 1669, that six towns respond to the invitation; three more appoint proxies. Once again there is much debate, but the delegates do not adopt any significant resolutions – some matters are adjourned. At the time the envoys do not know that this will be their final meeting. But no further Hansetag takes place.

And so the Hanse, for many centuries an influential alliance, disintegrates into several small networks that no longer act in concert, but independently of one another.

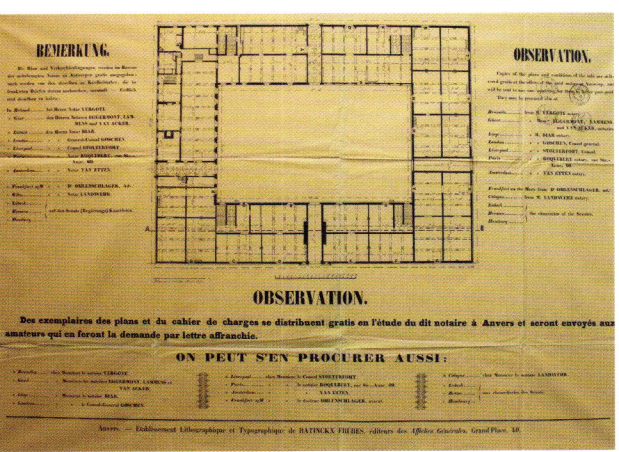

Hamburg, Bremen und Lübeck werden Alleinverwalter des hansischen Erbes. 1860 schalten die drei Städte eine Verkaufsanzeige für das Antwerpener Kontor: *„Dies schöne Grundstück, (dessen fast gänzliches Zimmer-Werk von Eichenholz) [...] eignet sich für die verschiedensten und gewinnreichsten Speculationen"*, preisen sie das Gelände.

Hamburg, Bremen and Lübeck become the sole administrators of the Hanseatic legacy. In 1860 the three cities advertise the *kontor* in Antwerp for sale: *"This fine property (with almost all timbers in oak) [...] is suitable for the most diverse and profitable speculations"*, they claim in the text.

Das letzte Kontor der Hanse
The Hanse's last *kontor*

In Bergen, an der Westküste Norwegens, liegt das letzte der vier großen Kontore der Hanse. Die von sieben Hügeln umgebene Stadt hat sich seit dem 11. Jahrhundert zu einem der wichtigsten Handelsplätze Skandinaviens entwickelt. Vor allem Stockfisch zieht die Händler in den hohen Norden. Seine lange Haltbarkeit macht den meist aus Dorsch hergestellten Trockenfisch zu einer willkommenen Speise an den zahlreichen mittelalterlichen Fastentagen.

Schnell steigen die niederdeutschen Kaufleute in Bergen zu den wichtigsten Exporteuren der begehrten Ware auf. Denn im Gegenzug bringen sie Getreide, vor allem Roggen, ins Land. Jahrhundertelang halten die Kaufleute der Hanse nahezu ein Monopol auf den Import des Grundnahrungsmittels. Als besonders lukrativ erweist sich die Handelsroute über das englische Boston: Aus den Hansestädten bringen die Fernhändler Getreide nach Bergen, exportieren aus Norwegen Stockfisch nach Boston und führen von der englischen Küste wiederum Wolle und später Wolltuche auf das europäische Festland aus.

Mitte des 14. Jahrhunderts entsteht das Kontor der Hanse an der westlichen Hafenseite der Stadt. 1366 bestätigt der Hansetag die Statuten der Niederlassung, die aufgrund ihrer Lage auch als *Bryggen* (die Brücke) bezeichnet wird. Der Gebäudekomplex besteht aus mehreren langen Höfen, in denen die Kaufleute in einzelnen Häusern, den sogenannten Stuben, leben. Sobald der Stockfisch aus dem Norden des Landes im Bergener Hafen eintrifft, herrscht geschäftiges Treiben in den engen Gassen des Kontors. In den Packräumen sortieren Lehrjungen und Gesellen die beliebte Fastenspeise nach Qualitätsklassen und verpacken sie für den Weitertransport in Tonnen und Ballen.

Doch auch in Norwegen verliert die Hanse seit Mitte des 16. Jahrhunderts rapide an Bedeutung. Bereits im 15. Jahrhundert bricht der profitable Handel zwischen Bergen und Boston ein. Engländer und Niederländer, aber auch Kaufleute der Hanse reisen jetzt nach Island und bringen den Stockfisch von dort direkt nach England. Den **Stapelplatz** Bergen umgehen sie damit und schwächen so die Marktposition der hansischen Kaufleute. Zudem

Bergen, on the west coast of Norway, is where the last of the Hanse's four main *kontors* is situated. The city is surrounded by seven hills and since the 11th century has developed into one of Scandinavia's main commercial centres. It is mainly stockfish that attracts the merchants to the far North. Because it can be stored for such a long time this dried fish, mostly cod, is a popular meal on the numerous days of penance and fasting observed in the Middle Ages.

The Low German merchants soon become the biggest exporters of this sought-after product in Bergen. That is because in exchange, they bring grain, mostly rye, into the country. For centuries the Hanseatic merchants have a virtual monopoly on importing this basic foodstuff. The trade route via Boston in England proves to be especially lucrative. Long-distance merchants bring grain to Bergen, export stockfish from Norway to Boston and then carry wool and later woollen cloth from the English coast to the European continent.

In the mid-14th century the Hanseatic trading post is built on the western side of the city port. In 1366 the Hansetag ratifies the statutes of the *kontor*, which is also known as *Bryggen* (bridge) because of its location. The complex consists of several long yards where the merchants live in individual houses known as cabins. As soon as the stock-

---

≡ **Stapelplatz**
The staple

Das Recht und zugleich die Pflicht, bestimmte Waren ausschließlich in einer festgelegten Stadt anzubieten.

The right and also the obligation only to offer certain goods for sale in a specific town.

Bergen 1764

Das hansische Kontor in Bergen wurde nach Originalvorlagen aus dem Hanseatischen Museum und Schötstuben in Bergen rekonstruiert.

The Hanseatic *kontor* in Bergen was reconstructed on the basis of original artefacts from the Hanseatisches Museum und Schötstuben in Bergen.

beginnt die dänisch-norwegische Monarchie im 16. Jahrhundert, ihre einheimischen Kaufleute stärker zu fördern, und es wird für ausländische Kaufleute einfacher, in Bergen das Bürgerrecht zu erhalten.

Die Privilegien für die Hanse ändern sich in Norwegen im Laufe der Jahrhunderte zwar kaum, doch sie bringen den Fernhändlern immer weniger Wettbewerbsvorteile. Wer Bürger der Stadt Bergen wird, kann sich im 16. und 17. Jahrhundert ähnlicher Sonderrechte erfreuen wie die Kaufleute der Hanse – oder gar noch vorteilhaftere Privilegien genießen. Christopher Westphalen, ursprüng-

lich aus Hamburg, entschließt sich als erster niederdeutscher Kaufmann am 17. August 1630 das Bergener Bürgerrecht anzunehmen. Weitere drei Bewohner der Niederlassung folgen seinem Beispiel sechs Jahre später. So beginnt ein jahrzehntelanger Prozess, in dessen Verlauf immer mehr Stuben im Kontor *Bryggen* in norwegischen Besitz übergehen. Entweder, weil ihre Besitzer selbst Bürger der Stadt Bergen werden oder weil sie ihre Stube direkt an Norweger verkaufen.

1713 gehört bereits fast die Hälfte aller Stuben Bergener Bürgern, 1754 verfassen die norwegischen Bewohner eine eigene Kontorsordnung und zehn Jahre später geht schließlich die letzte Kaufmannsstube in norwegischen Besitz über. So löst sich das Kontor langsam auf, bis im August 1764 der letzte Sekretär der Hanse die Niederlassung verlässt und das Archiv nach Lübeck überführt.

fish is unloaded at Bergen harbour from the north of the country, a great bustle starts up in the narrow alleyways of the *kontor*. In the packing rooms, apprentices and employees sort the dried fish into different grades and pack it in barrels and bales for the next stage of its journey.

But in Norway too, the importance of the Hanse begins to decline from the mid-16th century. The profitable trade between Bergen and Boston dries up as early as the 15th century. Now English and Dutch traders, but also Hanseatic merchants, sail to Iceland and bring the stockfish straight back to England from there. This enables them to avoid the **staple** at Bergen and so weaken the market position of the Hanseatic merchants. In the 16th century the Danish-Norwegian monarchy also increases its support for its own merchants and makes it easier for foreigners to obtain civil rights in Bergen.

Over the centuries the Hanse's privileges in Norway hardly change, but increasingly they do not give the long-distance merchants any competitive advantage. Anyone who becomes a citizen of Bergen in the 16th and 17th centuries can have the same rights as the Hanseatic merchants – or enjoy even more advantageous privileges. On 17 August 1630 Christopher Westphalen, originally from Hamburg, becomes the first Low German merchant to take Bergen citizenship. Another three residents of the *kontor* follow his example six years later. So begins a long process in which more and more cabins at the *Bryggen kontor* pass into Norwegian ownership. Either because their owners become citizens of Bergen themselves, or because they sell their cabin to Norwegians.

By 1713 almost half the cabins belong to citizens of Bergen. In 1754 the Norwegian residents adopt their own internal regulations, and ten years later the last merchant's cabin finally passes into Norwegian ownership. And so the *kontor* slowly dissolves, until in August 1764 the last secretary of the Hanse leaves the trading post, taking the archives with him to Lübeck.

Nachdem die letzte Stube des hansischen Kontors verkauft ist, geht der Handel auf *Bryggen* nahezu unverändert weiter. Die Aufnahme zeigt eine Gasse zwischen den Höfen um 1900.

Commerce on *Bryggen* continues virtually unchanged after the sale of the last cabin in the Hanseatic *kontor*. This photograph shows an alley between the yards around 1900.

Strafgeldbüchse
Swear box

FUNDORT _____ Hanseviertel *Bryggen* in Bergen, Norwegen

DATIERUNG ____ Nicht bekannt,
wahrscheinlich zwischen 1702 und 1761

MATERIAL _____ Eichenholz, Metall

LEIHGEBER _____ Hanseatisches Museum und Schötstuben

PLACE FOUND _____ Hanseatic district of Bryggen in Bergen, Norway

DATE _____ Unknown, probably 1702 to 1761

MATERIAL _____ Wood, metal

LENDER _____ Hanseatisches Museum und Schötstuben

M 1 : 2,5

Strafgeldbüchsen sind allzeit sichtbar an der Wand befestigt und haben daher sicherlich auch eine mahnende Wirkung.

As they are visible all the time, the boxes will also act as a reminder of what not to do.

Wann genau die Strafgeldbüchse hergestellt wird, ist nicht bekannt. Da *Bryggen,* das Kontor der Hanse in Bergen, jedoch 1702 bei einem großen Stadtbrand vollständig zerstört wird, entsteht sie vermutlich erst danach. Den Behälter ziert das Wappen des Deutschen Kontors: ein doppelköpfiger Adler und ein gekrönter Stockfisch. Da das Deutsche Kontor 1764 aufgelöst wird, dürfte die Dose vorher angefertigt worden sein. Solche Büchsen mit einem verschließbaren Deckel und einem Schlitz für den Münzeinwurf sind ein interessantes Relikt aus einer Zeit, deren Rechtswesen uns heute ebenso fremd wie vertraut erscheint.

Zahlreiche Vorschriften regeln den Alltag der ausschließlich männlichen Bewohner auf *Bryggen*. Wer gegen eine der Regeln verstößt, dem wird meist eine Geldbuße als Strafe auferlegt. Brandschutz und Enthaltsamkeit zählen dazu ebenso wie das Verbot in den Schötstuben, den Versammlungsräumen der einzelnen Höfe, *„die Füsze auff die Bank* [zu] *legen"*.

Viele zugleich erstaunliche und amüsante Vorschriften begegnen uns in den Rechtsquellen, die selbst vor körperlichen Bedürfnissen nicht haltmachen: Wer beispielsweise im Feuerhaus bzw. der Küche der Schötstube Dramshuusen *„einen Wind gehen lässt",* muss zwei Schillinge bezahlen. Die Strafgeldbüchsen sind direkt an der Wand befestigt, kleinere Vergehen werden vermutlich direkt an Ort und Stelle beglichen. Besonders gern gesehen ist es, wenn jemand seine Strafe mit Bier begleicht – so kann es sofort gemeinsam getrunken werden.

When exactly this box was made is unknown. But since *Bryggen*, the Hanseatic *kontor* in Bergen, is completely destroyed in a massive fire in 1702, it probably dates from after this event. The box shows the coat of arms of the German *kontor*: a double-headed eagle and a crowned stockfish. As the German *kontor* is dissolved in 1764, the box will almost certainly date from before then. Boxes like this, with a lid, a lock and a slit for coins are an interesting relict of a time in which the legal system seems to be simultaneously both alien and familiar to us today.

Everyday life for the exclusively male residents of *Bryggen* is governed by numerous laws. The punishment for breaking the rules is generally to pay a fine. The rules cover everything from fire protection to celibacy, and include a ban on *"putting feet on the bench"* in the *Schötstuben*, the meeting rooms of the yards.

In the legal texts we can find many rules that surprise and amuse us today and even extend to bodily functions, as this example shows: anyone who *"passes wind"* in the hearth room or the kitchen of the *Schötstube* Dramshuusen has to pay a fine of two shillings. The boxes are hung on the wall, so that fines for minor transgressions can be paid on the spot. One popular variant is to pay the fine with beer – which can then be drunk straight away by everyone together.

TOM HELLERS

ist wissenschaftlicher Mitarbeiter im Fachbereich Geschichte, Sprachen und Vermittlung im Hanseatischen Museum und Schötstuben in Bergen. An der Universität Bergen leitet er die Forschungsgruppe für Mittelalterphilologie.

Tom Hellers is a researcher in the Department of History, Languages and Education at the Hanseatisches Museum und Schötstuben in Bergen. He heads the research group for medieval philology at the University of Bergen.

Fünf überlebensgroße Figuren von Kaufleuten und Bürgermeistern der Hansestädte aus der Zeit zwischen 1500 und 1650. V. l. n. r.: Jürgen Wullenwever (Lübeck), Dr. Heinrich Sudermann (Köln), David Gloxin (Lübeck), Heinrich Krefting (Bremen), Johann Schulte (Hamburg). Nach historischen Vorlagen wurden sie von dem Bildhauer Reinhard Baumann und dem Präparator Marcel Nyffenegger für das Europäische Hansemuseum angefertigt.

Five larger-than-life figures of merchants and mayors of the Hanseatic cities from the period 1500 to 1650. Left to right: Jürgen Wullenwever (Lübeck), Dr. Heinrich Sudermann (Cologne), David Gloxin (Lübeck), Heinrich Krefting (Bremen), Johann Schulte (Hamburg). They were made for the European Hansemuseum by the sculptor Reinhard Baumann and the taxidermist Marcel Nyffenegger on the basis of historical documents.

Gespräch mit Prof. Dr. Rolf Hammel-Kiesow
Interview with Prof. Dr. Rolf Hammel-Kiesow

Die Ausstellung zur Geschichte der Hanse beginnt an der Newa und führt die Besucher quer durch Europa an die Orte, an denen die Kaufleute große Kontore errichtet haben. Warum haben sich die Museumsmacher für dieses Narrativ entschieden?

Prof. Dr. Hammel-Kiesow Einer der spannendsten Aspekte in der Geschichte der Hanse ist ja, dass die Kaufleute in einem für die damaligen Verhältnisse sehr weitläufigen Gebiet gehandelt haben. Und diese europäische Ausdehnung lässt sich am besten fassen, indem man die vielen verschiedenen Handelsplätze der niederdeutschen Kaufleute zeigt. Dabei mussten wir uns natürlich beschränken, denn insgesamt gab es neben den vier großen Kontoren noch 44 kleinere Niederlassungen, von Lissabon bis nach Smolensk.

Waren die kleineren Niederlassungen ähnlich organisiert wie die großen?

HK Nicht alle, aber die meisten schon. Überall wurde in der Regel ein *Ältermann*, also ein Vorsteher gewählt, der die Interessen der Gemeinschaft vertrat. Das war das wichtigste Grundprinzip der hansischen Organisation, von ihren Anfängen bis zu ihrem Ende: Alle

> **Das wichtigste Grundprinzip der hansischen Organisation, von ihren Anfängen bis zu ihrem Ende: Alle Kaufleute waren einander rechtlich gleichgestellt.**
>
> *That was the most important principle behind the organisational structure of the Hanse. From the outset right through to the end, all the merchants had equal rights.*

Kaufleute waren einander rechtlich gleichgestellt.

Gab es keinerlei Hierarchie unter den Kaufleuten?

HK Eine Hierarchie im Ansehen gab es, das zeigen beispielsweise die Streitigkeiten um die Sitzordnung auf dem Hansetag. Aber rechtlich gab es keine hierarchische Spitze, weder auf dem Hansetag noch in den Kontoren. Wer zum *Ältermann* gewählt wurde, war nur Erster unter Gleichen. Er vertrat die Interessen der Gemeinschaft auch nur eine bestimmte Zeit lang, dann wählte die Gruppe einen neuen Vorstand. Aus dem 13. Jahrhundert ist dazu eine interessante Bestimmung aus Köln überliefert: Sobald sich drei Kaufleute der Stadt im Ausland trafen, mussten sie einen gemeinsamen *Ältermann* bestimmen.

Das ist ja ähnlich wie im heutigen Vereinsrecht!

HK Genau, mittelalterliches Vereinsrecht sozusagen. In Boston und in King's Lynn an der englischen Ostküste gab es übrigens auch relativ große Niederlassungen, die lange Zeit ähnlich bedeutend waren wie der Londoner *Stalhof*. Das Kontor in Boston hieß sogar auch *Stalhof* und King's Lynn ist heute die einzige der hansischen Niederlassungen, deren Gebäude noch steht.

The exhibition on the history of the Hanse starts on the river Neva and takes the visitor right across Europe to the places where the merchants built their large trading posts. Why did the museum makers decide on this narrative?

Prof. Dr. Hammel-Kiesow One of the most exciting things about the history of the Hanse is that by the standards of the time, the merchants were active over a very wide area. And this European dimension can best be grasped by showing the many different places where the Low German merchants carried on their trade. Of course we had to limit ourselves, because in addition to the four main *kontors* there were 44 smaller outposts, from Lisbon to Smolensk.

Were the smaller trading posts organised in the same way as the large ones?

HK Not all, but most of them were. They all elected an alderman, or president, to represent the interests of the community. That was the most important principle behind the organisational structure of the Hanse. From the outset right through to the end, all the merchants had equal rights.

Was there no hierarchy at all among the merchants?

HK There was certainly a hierarchy in reputation, as we can see from the arguments about seating arrangements at the Hansetag. But in legal terms there was no hierarchical leadership, either at the Hansetag or in the *kontors*. The person elected as alderman represented the interests of the community for a certain time and then the group elected a successor. In Cologne there was an interesting rule dating from the 13th century: whenever three merchants from the city met abroad, they had to choose a joint alderman.

That's just like the modern law of associations!

HK Exactly, a kind of medieval law of associations. In Boston and King's Lynn on the English east coast there were also relatively large trading posts, which for a long time were as important as the *Steelyard* in London. The *kontor* in Boston was also called *Steelyard* and today it is the only one of the Hanseatic trading posts still standing.

Die Kaufleute konnten ihre Kosten für den Handel (...) enorm senken, denn für die Vermarktung vor Ort mussten sie ja nichts bezahlen.

The merchants [were able] to cut the costs of doing business enormously, because they didn't have to pay anything for the local marketing.

Wie eng war denn der Kontakt der niederdeutschen Kaufleute an den Handelsplätzen zur einheimischen Bevölkerung?

HK Im späten 19. und frühen 20. Jahrhundert, als die Geschichtswissenschaft vor allem nationalstaatlich geprägt war, dachte man, die Hansekaufleute seien in ihren Kontoren im Grunde genommen kaserniert gewesen. Dieses Bild hat sich aber in den vergangenen drei bis vier Jahrzehnten enorm verändert.

Inwiefern?

HK Wir wissen heute, dass die Kontakte zu Einheimischen wesentlich enger waren als zunächst angenommen. Aus Nowgorod ist beispielsweise bekannt, dass die Kaufleute auch bei Bojaren oder anderen Bürgern der Stadt lebten, wenn das Kontor belegt war. Wir wissen auch, dass die Kinder der Kaufleute zeitweise als Sprachschüler auf den Bojarenhöfen lebten. Es gibt sogar Hinweise darauf, dass Nowgoroder Bürger in den Peterhof gekommen sind, obwohl dies nach den Bestimmungen der *Schra*, also der Hofordnung, eigentlich verboten war.

Darüber haben sich die Kaufleute einfach hinweggesetzt?

HK Das ist eine sehr bekannte Eigenart des mittelalterlichen Rechts: Man setzte ein sehr restriktives Recht auf und ging dann in der Praxis viel liberaler damit um. Aus Testamenten wissen wir heute

übrigens auch, dass die Kaufleute in Bergen sehr wohl mit einheimischen Frauen Kinder gezeugt haben, obwohl dies in der Kontorordnung strengstens verboten war. Zum Teil haben sie diese Kinder in ihren Hinterlassenschaften bedacht.

Von wem ging dieses Verbot aus?

HK Vom Kontor selbst. Einerseits wollte die Hanse ihre Privilegien in Norwegen nicht gefährden und andererseits wollten die Städte Auseinandersetzungen um das Erbe, also das Vermögen vermeiden. Denn im Mittelalter kam es den Städten immer darauf an, das Vermögen bei sich zu halten – sonst hätte die Stadt ihre Steuereinnahmen verloren.

Wie sahen eigentlich die Handelspartnerschaften der Kaufleute untereinander aus?

HK Da gab es viele verschiedene Formen. Das Grundprinzip des hansischen Handels aber war die sogenannte Widerlegung: eine Handelsgesellschaft, die aus zwei Kaufleuten bestand, die ihre Anteile im Verhältnis 1:1, oft auch 2:1, in die Gesellschaft einbrachten. Dabei blieb der eine Kaufmann, der Seniorpartner, in der Regel zu Hause und der jüngere reiste mit dem Geld an einen Handelsplatz, um dort die Geschäfte zu tätigen. Der Gewinn wurde meistens hälftig geteilt – die Verluste übrigens auch. Die Gewinne wurden sogar dann oft im Verhältnis 1:1 geteilt, wenn die Partner ihre Anteile im Verhältnis 2:1 eingebracht hatten.

How much contact did the Low German merchants have with the local population at these trading centres?

HK In the late 19th and early 20th century, when history was primarily studied from the perspective of nation states, people thought the Hanseatic merchants basically lived in their trading posts like barracks. But over the past thirty or forty years this idea has changed radically.

In what way?

HK Today we know that the contacts to the locals were much closer than previously assumed. In Novgorod, for instance, we have evidence that the merchants also stayed with boyars or other townspeople if the *kontor* was full. We also know that the merchants' children sometimes lived at the boyars' manor houses to learn the language. There are even indications that citizens of Novgorod came to St. Peter's Yard, although this was actually forbidden by the *Schra*, or internal regulations.

So the merchants simply ignored it?

HK That is a very well-known feature of medieval law: highly restrictive laws were passed, which were then interpreted much more liberally in practice. And from wills we also know that the merchants in Bergen had children with local women, although any such contact was strictly forbidden by the regulations of the *kontor*. In some cases they made bequests to the children in their wills.

Where did the idea for these restrictions come from?

HK From the *kontor* itself. One the one hand the Hanse did not want to jeopardise its privileges in Norway, and on the other the towns wanted to avoid arguments about merchants' estates or assets. Because in the Middle Ages the towns were always very careful to keep hold of their assets – otherwise the town would have lost its tax income.

What were the trading partnerships like among the merchants themselves?

HK They took many different forms. But the basic principle of Hanseatic trade was the general partnership: a commercial partnership formed by two merchants who contributed capital in a ratio of 1:1 or 2:1. One of them, the senior partner, would generally stay at home,

War das der Lohn für denjenigen, der die Arbeit gemacht hat?

HK Ja, genau. Im Laufe des 14. Jahrhunderts ist dann ein weiteres interessantes Modell entstanden: der Handel auf Gegenseitigkeit. Dabei tätigten zwei Kaufleute aus verschiedenen Städten Geschäfte füreinander, ohne sich die Tätigkeit jedoch gegenseitig in Rechnung zu stellen. Lebte beispielsweise ein Kaufmann in Lübeck und ein anderer in Riga, schickte der Lübecker seine Waren nach Riga und sein Kompagnon verkaufte sie dort. Und weil der Kaufmann in Riga zugleich über brillante Ortskenntnisse verfügte, kaufte er vom Erlös gleich vor Ort neue Waren für seinen Lübecker Partner ein und schickte sie zurück. Dafür berechnete er nichts und sendete stattdessen im Gegenzug seine eigenen Waren nach Lübeck, die sein Partner dort auf gleiche Weise verkaufte.

Und beide profitierten davon.

HK Genau, die Kaufleute konnten ihre Kosten für den Handel auf diese Weise enorm senken, denn für die Vermarktung vor Ort mussten sie ja nichts bezahlen. Das war lange Zeit ein sehr großer Vorteil zum Beispiel gegenüber den oberdeutschen Faktoreien und es ist ein ganz wesentlicher Aspekt des Erfolgsmodells Hanse.

Können Sie erklären, was eigentlich der Unterschied zwischen einem Hansekaufmann und einem Hanseaten ist?

HK Die Forschung unterscheidet zwischen der Geschichte der Hanse, die etwa vom 12. Jahrhundert bis zum letzten Hansetag im Jahr 1669 bzw. bis zur Auflösung des Bergener Kontors 1764 reicht, und der Geschichte der drei verbliebenen Hansestädte seit dem 18. Jahrhundert, also Hamburg, Bremen und Lübeck. Hanseaten sind also die Kaufleute oder Einwohner dieser drei verbliebenen Hansestädte. Doch die Begriffe weichen auch in der Forschung heute immer mehr auf. Es wird ja inzwischen viel auf Englisch publiziert und die englischsprachige Geschichtswissenschaft kennt nur den Begriff *hanseatic*.

and the junior partner would travel with the money to a commercial centre to do the deals. Profits were mostly split 1:1 and the same applied to the losses too. In fact, the profits were often split 1:1 even if the partners had contributed capital in a ratio of 2:1.

Was that the reward for the person who did the work?

HK Yes, exactly. In the 14th century another interesting business model emerged: reciprocal trading. Two merchants from different towns carried out transactions for one another, but without charging a fee for the service. So if one merchant lived in Lübeck and another in Riga, one would send his merchandise from Lübeck to Riga, where his partner would sell it. And because the merchant in Riga also knows the local market really well, he uses the sales proceeds to buy new goods for his partner in Lübeck and sends those back. He doesn't charge anything, but just sends his own goods to Lübeck along with the others, where his partner sells them in the same way.

And both of them benefit.

HK Exactly; this enabled the merchants to cut the costs of doing business enormously, because they didn't have to pay anything for the local marketing. For a long time that was a huge advantage compared with the Upper German system of factors, for instance, and it is one of the main reasons for the success of the Hanse.

Can you explain the difference between a Hanseatic merchant and a "Hanseat"?

HK In academic research a distinction is made between the history of the Hanse, which covers the period from about the 12th century until the last Hansetag in 1669, or the dissolution of the *kontor* in Bergen in 1764, and the history of the three remaining Hanseatic cities since the 18th century, i.e. Hamburg, Bremen and Lübeck. So "Hanseaten" are the merchants or inhabitants of these three remaining Hanseatic cities. But even in the academic literature, there is now a tendency for the terms to be conflated. Nowadays people publish a lot in English and English academic history texts only use the term "Hanseatic".

PROF. DR. ROLF HAMMEL-KIESOW

ist Wissenschaftlicher Leiter des Europäischen Hansemuseums und seit 1993 Leiter der Forschungsstelle für die Geschichte der Hanse und des Ostseeraums in Lübeck. Seit 1994 hat er einen Lehrauftrag an der Christian-Albrechts-Universität Kiel und ist dort seit 2008 Honorarprofessor. Seit 2010 ist er zudem Vorsitzender des Hansischen Geschichtsvereins.

Prof. Dr. Rolf Hammel-Kiesow is the Scientific Director of the European Hansemuseum and has been the Director of the Research Centre for the History of the Hanse and the Baltic region in Lübeck since 1993. He has lectured at Christian-Albrechts-Universität in Kiel since 1994 and was made an honorary professor there in 2008. In 2010 he was also elected as Chairman of the Hanseatic History Association.

Das Areal des Europäischen Hansemuseums
The European Hansemuseum complex

Burgkloster
Castle Friary

Kirchhof
Church yard

Beichthaus
Confessional building

Gefängnishof
Prison yard

Hauptgebäude
Main building

Zum Europäischen Hansemuseum gehören das Hauptgebäude, das Lübecker Burgkloster und öffentlich zugängliche Außenanlagen. Zahlreiche Spuren verweisen auf dem insgesamt 7.405 Quadratmeter großen Gelände auf die lange und wechselvolle Geschichte des Standorts. Seit dem 8. Jahrhundert errichten wechselnde Herrscher Burg- und Verteidigungsanlagen auf dem natürlichen Plateau. Im 13. Jahrhundert entsteht ein Konvent der Dominikaner auf dem Areal. Die Ausstellung zur Geschichte der Hanse führt durch das Hauptgebäude am Fuß des Burghügels. Im höher gelegenen Burgkloster befinden sich das historische Baudenkmal des Dominikanerkonvents, ein Gericht und ein Untersuchungsgefängnis aus dem 19. Jahrhundert sowie das Hanselabor.

The European Hansemuseum consists of the main building, the Lübeck Castle Friary and the grounds, which are accessible to the general public. Many traces of the site's long and eventful history have been highlighted in the grounds, which cover a total of 7,405 square metres. Successive rulers have built fortresses and battlements on this natural plateau since the 8th century. In the 13th century a Dominican friary is built on the ground. The exhibition on the history of the Hanse takes visitors through the main building at the foot of the Castle Hill. Higher up is the Castle Friary, which houses the former Dominican friary, a Law court and a remand prison from the 19th century, and the HanseLab.

An der Fassade des Burgklosters (links) sind architektonische Spuren aus den vergangenen Jahrhunderten ablesbar; bis 1818 schloss hier die Maria-Magdalenen-Kirche an. Die Bodenmarkierungen verweisen auf die Positionen der Pfeiler und des Kreuzrippengewölbes der Basilika. Die Bronzeverkleidung schützt drei noch erhaltene Seitenkapellen. Der monolithische Charakter des Hauptgebäudes (rechts) erinnert an die mittelalterliche Stadtmauer, die einst am Fuß des Burghügels verlief.

The facade of the Castle Friary (left) bears the traces of past centuries: until 1818 the church of St. Mary Magdalene abutted here. The lines on the ground indicate the position of the pillars and the ribbed vault of the basilica. The bronze cover protects the three remaining side chapels. The monolithic character of the main building (right) evokes the medieval city wall that once ran along the foot of the Castle Hill.

Geschichte des Lübecker Burgklosters
History of the Lübeck Castle Friary

Dominikanerkonvent

Die Geschichte des Burgklosters beginnt mit der Schlacht bei Bornhöved: Im Jahr 1227 gelingt es den Lübeckern, sich am Tag der Heiligen Maria Magdalena, dem 22. Juli, von ihrem Stadtherrn, dem dänischen König Waldemar II., zu befreien. Einer Legende aus dem 15. Jahrhundert zufolge geht ihr Sieg auf das Erscheinen der Heiligen auf dem Schlachtfeld zurück. Zum Dank zerstören die Bürger Lübecks die Burg ihres ehemaligen Stadtherrn und übergeben das Gelände den Dominikanern. Die Brüder des Bettelordens errichten hier das Maria-Magdalenen-Kloster, das erstmals für das Jahr 1229 schriftlich erwähnt ist und später als Burgkloster bezeichnet wird.

Die Dominikaner leben nach dem Armutsgebot ohne irdischen Besitz oder feste Einkünfte und wollen die neue städtische Gesellschaft durch Predigt und Seelsorge auf den Weg des Glaubens führen. Zu den Kaufleuten pflegen sie eine enge Verbindung, als Beichtväter befassen sie sich mit den Bedürfnissen und Nöten der Fernhändler. Zuwendungen der Stadtbewohner sichern den Ordensbrüdern ein Auskommen, sodass die Klosteranlage ständig weiter ausgebaut werden kann.

Als erstes Gebäude entsteht vermutlich auf den Mauerresten der dänischen Burg die *Lange Halle*. Später kommen weitere Räume und Anbauten hinzu, unter anderem ein Winterrefektorium, in dem die Mönche während der kalten Jahreszeit ihre Speisen einnehmen, eine Sakristei, eine Kapelle sowie ein Hospital. Ein Kreuzgang wird vermutlich in der ersten Hälfte des 14. Jahrhunderts angelegt und dient der Kontemplation und inneren Einkehr. An den Südflügel schließt bis 1818 die Maria-Magdalenen-Kirche an. Im Jahr 1367, als die zweite Pestwelle in Lübeck grassiert, finanzieren die Ordensbrüder aus den Ablassspenden der Lübecker Bürger ein großes Beichthaus.

Dominican friary

The history of the Castle Friary begins with the battle of Bornhöved. On 22 July 1227, the feast day of St. Mary Magdalene, the people of Lübeck are able to liberate themselves from their ruler, the Danish king Waldemar II. According to a legend from the 15th century their victory is due to the appearance of the saint on the battlefield In thanks the people of Lübeck destroy the ruler's castle and hand the site over to the Dominican order. Here the friars build the Mary Magdalene Friary, mentioned for the first time for the year 1229, and later known as the Castle Friary.

The friars take a vow of poverty; they have no possessions and no fixed income. They want to guide the new urban population in the ways of the faith by preaching and pastoral work. As their confessors they have a close relationship with the long-distance merchants and are intimately familiar with their concerns and difficulties. Donations from the townspeople provide the friars with an income and enable the friary to be expanded steadily.

The first building to be erected on the ruins of the Danish castle is probably the *Long Hall*. Other rooms and annexes are added later, including a winter refectory, where the friars take their meals during the winter months, a sacristy, a chapel and an infirmary. Cloisters are built, probably in the first half of the 14th century, for the purposes of contemplation and introspection. The church of St Mary Magdalene adjoined the south wing until 1818. In 1367, when the plague hits Lübeck for the second time, the friars build a large confessional building with the money paid for indulgences by the townspeople of Lübeck.

Die *Lange Halle* ist das älteste Gebäude des Burgklosters. Im Zuge des Museumsneubaus wurde es res-
tauriert und saniert. Wandmalereien aus verschiedenen
Jahrhunderten erzählen von zahlreichen Umbauten.

The *Long Hall* is the oldest building in the Castle Friary.
It has been restored and repaired as part of the building
work for the new museum. Wall paintings from different
centuries tell of numerous modifications.

Armenhaus

Als sich in Lübeck 1531 die Reformation durchsetzt, wird der Do-
minikanerkonvent aufgelöst und in ein Armenhaus umgewandelt.
In der Maria-Magdalenen-Kirche finden bis zu ihrem Abriss im
Jahr 1818 lutherische Gottesdienste statt. Die gesellschaftliche
Akzeptanz von Bedürftigen verändert sich grundlegend: Gilt
Armut im Mittelalter noch als unausweichliches Schicksal, rückt
mit den Lehren Martin Luthers die Arbeit in den Mittelpunkt
des Lebens. Wer sich genügend anstrengt, so der neue Glaube,
kann sich selbst von seinem Schicksal befreien. Ehrenamtliche
Vorsteher aus dem Rat übernehmen die Verwaltung der neuen
Armenhäuser, in denen die Bewohner jetzt nach den Normen
und Werten der städtisch-handwerklichen Mittelschicht erzogen
und zur Arbeit angehalten werden.

   Arme und Kranke werden in einem großen Bettensaal in
der *Langen Halle* einquartiert. Die ehemaligen Mönchszellen
im Obergeschoss des Klosters dienen der Unterbringung einer
zweiten Bewohnergruppe: der Pfründner. Sie erkaufen sich eine

Almshouse

When the Reformation is adopted in Lübeck
in 1531 the Dominican friary is dissolved and
converted into an almshouse. Lutheran services
are held in St. Mary Magdalene's church until
it is demolished in 1818. Social acceptance of
the weak and needy undergoes a fundamental
change: in the Middle Ages poverty is considered to be an inevitable fate, but Martin Luther's
teachings put work at the centre of the human
condition. Anyone who makes enough effort can
free themselves from their fate, according to
the new doctrine. Volunteer governors from the
city council take over the administration of
the new almshouses, where the residents are

dauerhafte Unterkunft und Versorgung in freien Zellenwohnungen oder ein- und zweigeschossigen Kleinsthäusern, die auf dem Gelände des Burgklosters entstehen. Zwar genießen die Pfründner gegenüber den Armen gewisse Privilegien, doch auch sie unterstehen der strengen Hausordnung, die Kirchgang und abendliche Schließzeiten beinhaltet.

Gerichtsgebäude und Untersuchungsgefängnis

Zwischen 1893 und 1896 wird das Burgkloster in ein neu entstehendes Gerichtsgebäude mit Untersuchungsgefängnis integriert. Das obere Stockwerk wird abgerissen, über dem Erdgeschoss entstehen Gefängniszellen und Gerichtsräume. Das gesamte Gebäude erhält eine einheitliche Außenverkleidung im neugotischen Stil, die an die Blütezeit im Mittelalter anschließen soll. Hinter der historisierenden Fassade verbirgt sich jedoch ein moderner Bau nach aktuellen Standards. Im Inneren des Erdgeschosses bleibt die klosterzeitliche Architektur weitgehend erhalten.

Auf dem einstigen Priesterhof entsteht für die Gefangenen eine fächerförmige Anlage aus neun Einzelhöfen, die durch hohe Mauern voneinander getrennt sind. Die Häftlinge unterliegen einer strengen Einzelhaft, auch beim Hofgang bleibt ihnen jeglicher Kontakt zu anderen Insassen verwehrt. Ein einzelner Wärter kann alle Parzellen von zentraler Stelle aus einsehen. Zusätzlich wird der gesamte Hof von einem Erker im Obergeschoss kontrolliert.

Der Schöffengerichtssaal im Obergeschoss des Burgklosters ist noch heute erhalten. Bis 1962 wurde ein Teil des Burgklosters als Gericht und Untersuchungsgefängnis genutzt.

The magistrates courtroom on the first floor of the Castle Friary still exists today. Part of the Castle Friary was used as a law court and remand prison until 1962.

now brought up according to the norms and values of the urban manual craftsmen and middle classes and required to work.

The poor and sick are housed in a large ward in the *Long Hall*. The former friars' cells on the first floor of the friary are now used as accommodation for a second group of residents, known as corrodarians. By bequeathing a sum of money called a corrody in advance, they acquire a permanent right to board and lodging in vacant cells or small cottages built on the site of the Castle Friary. Although the corrodarians enjoy certain privileges compared with the paupers, they are also subject to the strict institutional rules, which include attending church services and a nightly curfew.

Law court and remand prison

Between 1893 and 1896 the Castle Friary is integrated into the newly built law court and remand prison. The first floor is demolished and prison cells and courtrooms are built on top of the ground floor. The whole building is covered with a uniform neo-Gothic façade, intended to recall the city's heyday in the Middle Ages. But behind the nostalgic façade there is a modern building

Die Aufnahme aus dem Jahr 1976 (links) zeigt den Gefängnistrakt im Obergeschoss des Burgklosters. Zwei der Zellen sind noch heute erhalten (rechts).

The photo from 1976 (left) shows the prison cells on the first floor of the Castle Friary. Two of the cells still exist today (right).

Auf dem ehemaligen Priesterhof wurde Ende des 19. Jahrhunderts eine fächerförmige Anlage aus neun Einzelhöfen errichtet. Die Bodenmarkierungen verweisen auf die Positionen der ehemaligen Mauern.

In the late 19th century nine individual exercise yards were built in a fan shape on the former Priest's Yard. The lines on the ground show where the walls used to be.

In der Zeit des Nationalsozialismus finden im Gerichtsgebäude an der Großen Burgstraße auch Prozesse gegen Regimegegner statt. Unter ihnen die vier Lübecker Geistlichen Johannes Prassek, Hermann Lange, Eduard Müller und Karl Friedrich Stellbrink, die später als Lübecker Märtyrer bezeichnet werden. Mitangeklagt sind 18 Gemeindemitglieder. Am 23. Juni 1943 werden die Geistlichen vom Lübecker Landgericht wegen Hochverrats zum Tode verurteilt und am 10. November 1943 in Hamburg hingerichtet.

constructed to contemporary standards. Inside the ground floor the friary architecture is largely preserved.

Nine individual exercise yards for the prisoners, separated from one another by high walls, are built in a fan shape on the former Priest's Yard. The prisoners are kept in strict solitary confinement and have no contact to their fellow inmates, even in the exercise yard. A single guard can observe every section from a central vantage point. In addition, the whole yard is monitored from the oriel window on the first floor.

Opponents of the regime are also tried in the courtroom on Große Burgstraße during the National Socialist period. They include the four clergymen Johannes Prassek, Hermann Lange, Eduard Müller and Karl Friedrich Stellbrink, later known as the Lübeck Martyrs, and 18 of their parishioners. On 23 June 1943 the priests are condemned to death for high treason by Lübeck County Court and executed on 10 November 1943 in Hamburg.

Beim Umbau des Burgklosters zu einem Gerichts- und Gefängnisgebäude zwischen 1893 und 1896 wurde das ehemalige Beichthaus abgetrennt. Im Zuge des Museumsneubaus ist ein neuer Durchgang zwischen den Gebäuden entstanden.

When part of the Castle Friary was converted into a law court and prison between 1893 and 1896 the former confessional building was separated. A new passageway between the buildings now forms part of the museum complex.

Der Museumsneubau zitiert ein für Lübeck typisches giebelständiges Bürgerhaus. In der Fassade wird der Vierpass, eines der prägnantesten Motive der Backsteingotik, als ornamentale Fläche neu interpretiert.

The museum building evokes a typical front-gabled Lübeck townhouse. The façade features an extensive ornamental design based on the quatrefoil, one of the most striking motifs of brick Gothic architecture.

Eine großzügige Treppe verbindet den historischen Hafen mit der höher gelegenen Altstadt und den öffentlich zugänglichen Bereichen auf dem Museumsgelände.

A broad staircase links the historic docks with the old town and the public areas of the museum site.

Museumsneubau
New Museum Building

Das Hauptgebäude des Europäischen Hansemuseums schmiegt sich an den Burghügel. Eine zentrale öffentliche Treppe verbindet den historischen Hafen mit der höher gelegenen Altstadt. Sie erschließt den Museumsneubau und ist gleichzeitig Durchgang zum Burgkloster sowie zu den oberhalb des Hauptgebäudes gelegenen Außenanlagen.

Die Architektur des Museumsneubaus verbindet traditionell handgefertigten und auf handwerklich höchstem Niveau verarbeiteten Backstein mit eleganter Moderne und schlägt so eine Brücke zwischen Vergangenheit und Gegenwart. Der monolithische Charakter des Gebäudes erinnert an die mittelalterliche Stadtmauer, die einst am Fuß des Burghügels verlief. Die Backsteinfassade unterstützt dieses Erscheinungsbild mit schartigen, unterschiedlich eingefärbten und unregelmäßig vermauerten Ziegeln.

Das Zusammenspiel der prägenden Baumaterialien wie Ziegel, Baubronze und Sichtbeton schafft eine *erzählende Architektur*. In der Seitenstraße, die zum Burghügel hinaufführt, zitiert der Museumsbau ein für Lübeck typisches giebelständiges Bürgerhaus. In der Museumsfassade wird der Vierpass, eines der prägnantesten Motive der Backsteingotik, als ornamentale Fläche architektonisch neu interpretiert.

The main building of the European Hansemuseum sits snugly against the Castle Hill. An open staircase in the centre links the historic docks with the old town. It forms the entrance point for the new museum building and also leads up to the Castle Friary and the grounds above the main building.

The architecture of the new museum building blends a finely crafted brick texture with elegant modernist lines to form a link between the past and the present. In its monolithic character the new building evokes the medieval city wall that once ran along the foot of the Castle Hill. The texture of the façade emphasises this association by means of jagged, variegated and irregularly laid masonry.

The interactions between the main building materials – bricks, bronze and exposed concrete – create an *architectural narrative*. In the side street leading up the Castle Hill the museum building references a typical front-gabled Lübeck townhouse. The façade features an extensive ornamental design based on the quatrefoil, one of the most striking motifs of brick Gothic architecture.

Archäologie und Hanselabor
Archeology and Hanselab

Einblick in die Ursprünge Lübecks
Insights into the origins of Lübeck

Den Neubau des Europäischen Hansemuseums auf der Lübecker Altstadtinsel begleitet von Beginn an ein Team aus 20 Archäologen. Bis kurz vor der Museumseröffnung im Jahr 2015 untersuchen sie insgesamt mehr als 7.500 Kubikmeter Erdreich. Bis zu 12 Meter hohe Erdprofile werden gezeichnet, fotografiert und ausgewertet. Die auf einer Fläche von rund 1.500 Quadratmeter abgetragenen historischen Schichten erlauben den Wissenschaftlern einen tiefen Blick in das Innere des Hügels und seine mehr als 1.200 Jahre alte Geschichte.

Bereits in der Zeit vom 8. bis 10. Jahrhundert errichten slawische Kleinfürsten auf dem natürlichen Plateau eine Burg. Vermutlich wird die Befestigungsanlage in den folgenden Jahrhunderten nicht mehr genutzt und zerfällt zur Ruine – archäologische Funde gibt es aus diesem Zeitraum kaum. 1143 errichtet Graf Adolf II. von Schauenburg schließlich auf den Resten dieser slawischen Burg seine deutsche Burg und gibt der neu gegründeten Stadt ihren Namen: Lübeck.

In den verschiedenen Schichten entdecken die Wissenschaftler unter anderem den Burggraben aus dem 12. Jahrhundert, Keramik aus dem 13. und 14. Jahrhundert in meterhohen Töpfereiabfällen, hölzerne Wasserleitungen aus dem späten Mittelalter und der frühen Neuzeit sowie viele weitere Funde aus der Klosterzeit. Eine stark mit Holzabfällen und Metallfunden durchsetzte Erdschicht deutet zudem darauf hin, dass sich im frühen 13. Jahrhundert am Fuß des Burghügels ein Anlandeplatz für Schiffe befindet. Funde wie ein silberner Pferdeschmuckanhänger (vgl. S. 32) und ein Reitersporn, bei denen es sich um Teile einer Militärausrüstung handelt, belegen erstmals, dass sich von hier aus Kreuzritter auf ihrem Weg in den Ostseeraum eingeschifft haben.

From the outset, a team of 20 archaeologists advised on the new building for the European Hansemuseum on Lübeck's old town island. Until shortly before the museum opened in 2015 they examined more than 7,500 cubic metres of soil. Soil profiles up to 12 metres high are drawn, photographed and analysed. The historical layers removed over an area of 1,500 square metres enabled the researchers to look deep into the hillside and its history, which covers more than 1,200 years.

From the 8th to the 10th century, minor Slavic princes build a fortress on the natural plateau. These fortifications are probably no longer used over subsequent centuries and fall into disrepair – there are virtually no archaeological finds from this period. In 1143 Count Adolf II of Schauenburg then builds his German castle on the remains of the Slavic fort and gives the newly founded town its name: Lübeck

In the various layers the researchers find the 12th century castle moat, 13th and 14th-century ceramics in metre-high piles of pottery waste, wooden watercourses from the late Middle Ages and early modern period and many other finds from the period of the friary. One layer of soil intermingled with many wooden fragments and metal finds also suggests that there was a dock at the foot of the Castle Hill in the early 13th century. Finds like a silver bridle ornament (cf. p. 32) and a knight's spur, i.e. items of military equipment, show for the first time that crusaders boarded their ships here on the way to the Baltic lands.

Während des Museumsneubaus wurde ein bedeutender Teil der Geschichte Lübecks freigelegt. In einer konservierten Momentaufnahme der archäologischen Grabung können Besucher Relikte aus den verschiedenen historischen Schichten entdecken.

An important part of Lübeck's history was revealed during the construction of the new museum. Visitors can now walk through a section of the dig that has been conserved and identify the different historical layers.

Blick in einen Teil der Grabungsfläche (links). Insgesamt wurden während des Museumsneubaus mehr als 7.500 Kubikmeter Erdreich archäologisch untersucht. Das Bild oben zeigt einen zerstörten Wasserspeicher. Der Brunnen war mit Keramikgefäßen aus dem 13./14. Jahrhundert verfüllt.

View of the excavation (left). Archaeologists examined more than 7,500 cubic metres of earth during the construction work. The picture above shows a broken water tank. It had been backfilled with ceramic vessels from the 13th/14th centuries.

Eine Momentaufnahme der Grabung

Während der Grabungsphase fällt die Entscheidung, einen Teilbereich des Areals nicht weiter abzugraben und zu versiegeln. Die Erdschichten und Mauerreste sollen stattdessen konserviert und in den Neubau des Europäischen Hansemuseums integriert werden. So wird den Besuchern eine Momentaufnahme der Grabung vermittelt, in der sie zahlreiche Relikte aus den historischen Schichten der Stadt entdecken können.

Ein kleines Team aus Archäologen bereitet in enger Zusammenarbeit mit den Konservatoren einen Abschnitt der Grabung für die Präsentation vor. Zum ersten Mal wird damit in Deutschland erfolgreich der Versuch unternommen, nicht nur einzelne Fundstücke oder Mauerreste, sondern komplette Erdschichten zu erhalten. Der Rundgang durch das Museum beginnt nun in einem auf 15° C temperierten Raum, in dem einzelne Aspekte der archäologischen Grabung sowie Überreste der Stadtgeschichte vom 9. bis ins 21. Jahrhundert sichtbar werden. Vertiefende Informationen zur Besiedlungsgeschichte des Lübecker Burghügels werden zudem im Hanselabor, im Obergeschoss des Burgklosters vermittelt.

A snapshot of the dig

During the dig a decision is taken not to continue the excavations in one area, but to seal it off. The layers of earth and remains of walls are conserved instead and integrated into the new building for the European Hansemuseum. And so visitors can now walk through a unique sample of the dig itself, where they can discover many relics from the historic urban layers.

A small team of archaeologists, working closely with the restorers, prepare a section of the dig for presentation. This is the first successful attempt in Germany not only to conserve individual finds or wall fragments, but entire layers of earth. The tour of the museum begins in a room kept at a constant 15° C, where individual

Hansearchäologie
Hanseatic archaeology

Die Keramikgefäße Siegburger Art stammen aus dem Spätmittelalter und wurden in Lübeck gefunden. Gefertigt wurden diese Trink- und Schenkkrüge hauptsächlich in Siegburg und im Rheinland. Da diese Keramikart an vielen Orten in verschiedenen Ländern gefunden wurde, an denen Kaufleute der Hanse gehandelt haben, gelten sie in der aktuellen Forschung als Element einer übergreifenden Hansekultur.

This Siegburg stoneware dates from the late Middle Ages and was found in Lübeck. These kinds of jugs were mainly made in Siegburg and the Rhineland. As they are found in many places in different countries where Hanseatic merchants traded, researchers now see them as part of an overarching Hanseatic culture.

Lange Zeit haben Wissenschaftler fast ausschließlich schriftliche und bildliche Quellen herangezogen, um die Geschichte der Hanse zu erforschen. Erst Mitte des 20. Jahrhunderts erkennt die interdisziplinäre Forschung, dass insbesondere die Stadt- und Unterwasserarchäologie mit ihren Ergebnissen wesentlich zur Erforschung der Hanse beitragen kann.

Umfassende Grabungen in Hansestädten wie Lübeck haben den Grundstein für die noch junge Disziplin gelegt. Denn vor allem wenn es darum geht, den interkulturellen Austausch von Waren zwischen Kaufleuten und ihren Handelspartnern im Ausland zu erforschen, liefern materielle Hinterlassenschaften aufschlussreiche Erkenntnisse. Sieht man sich beispielsweise an, wie sich unterschiedliche Keramikarten verbreiten und entwickeln, werden lokale, regionale und internationale Marktbeziehungen sichtbar. So gilt das im Rheinland gefertigte und von Archäologen in vielen Städten und Ländern gefundene *Siegburger Steinzeug* in der aktuellen Forschung als Element einer übergreifenden Hansekultur.

Auch die Relikte der Hanse in kleineren und weiter entfernten Handelsniederlassungen, beispielsweise auf den Shetland-Inseln, rücken zunehmend in den Fokus der Hansearchäologen. So hat sich gezeigt, dass die internationale und interdisziplinäre Zusammenarbeit zwischen Archäologen und Historikern für die Erforschung der Hansegeschichte unverzichtbar ist.

For a long time academics used almost only written and pictorial sources to research the history of the Hanse. Only in the mid-20th century did interdisciplinary researchers recognise that urban and underwater archaeology in particular can make an important contribution to Hanseatic research.

Extensive digs in Hanseatic towns like Lübeck paved the way for what was still a young discipline. Because material remains provide very useful information, especially for research into the intercultural exchange of goods between merchants and their trading partners abroad. Looking at how different types of ceramics develop and spread, for example, says a lot about local, regional and international marketing channels. So the *Siegburg stoneware* manufactured in the Rhineland and found in many towns and countries is considered by current researchers to be an element of an overarching Hanseatic culture.

Hanseatic archaeologists are also increasingly focussing on artefacts found in smaller, more remote trading posts, such as the Shetland Islands. International and interdisciplinary collaboration between archaeologists and historians has therefore proved indispensable for researching the history of the Hanse.

Konservierungsmaßnahmen

In den oberen Schichten wurde der Erdboden durch Festigungsmaßnahmen leicht stabilisiert. Organische Reste, die den anstehenden Boden durchziehen, wurden weitgehend entfernt, damit sich auf den freigelegten Flächen kein Bewuchs bilden kann. Eine exakt auf die Bedingungen der Grabungsfläche eingestellte Klimaanlage sorgt für stabile Luftfeuchtigkeit und Temperatur. Eine Herausforderung, denn der Bodenbereich ist nach unten nicht abgeschlossen, sodass nach Regenfällen weiterhin Sickerwasser durch die Erdschichten vom Hang einfließen kann.

Die von den Archäologen freigelegte *slawische Hangbefestigung* war von großen Mengen organischen Materials, vor allem Holz durchzogen. Sie konnte daher nicht im Kontext belassen werden. Das Relikt aus dem frühen Mittelalter wurde zunächst vollständig ausgegraben und archäologisch dokumentiert. Dann wurde eine exakte Kopie des gesamten Bereichs über ein 3-D-Scan-basiertes Sanddruckverfahren erstellt. Anschließend konnte die aus insgesamt zehn Teilen bestehende Reproduktion auf einer Unterkonstruktion aus Edelstahl in ihrer ursprünglichen Position in die Grabung integriert werden.

Auch die insgesamt 1,5 Tonnen schweren Teile historischer Wasserleitungen aus dem 14. und 16. Jahrhundert wurden rekonstruiert. Sie wurden zunächst mit Silikonkautschuk abgeformt und anschließend in einem anorganischen Gießmaterial reproduziert. Die einzigartigen Exponate sind heute im Hanselabor zu sehen.

aspects of the archaeological dig and traces of the city's history from the 9th to the 21st century are visible. Further information about the history of settlement on the Lübeck Castle Hill is also provided in the Hanselab, on the first floor of the Castle Friary.

Conservation measures

In the upper layers the soil was compressed slightly to stabilise it. Organic remains penetrating the surface soil were mostly removed so that no vegetation can grow on the uncovered areas. An air-conditioning system precisely adapted to the conditions in the dig ensures that humidity and temperature levels stay constant. This is a challenge, because there is no damp-proof course underneath, so rain water can still seep in down the slope of the hill.

The *Slavic fortifications* revealed by the archaeologists consisted of large quantities of organic material, primarily wood. This meant they could not be left in situ. First of all, this early medieval relic was completely removed and documented by the archaeologists. Then an exact copy of the entire area was made using a sand moulding method based on a 3D-scan. Finally the reproduction, consisting of ten parts, was installed in its original position in the dig on a stainless steel framework.

Reproductions were also made of the sections of 14th and 16th century watercourses, which weigh 1.5 tons altogether. This entailed making a mould of silicon rubber and then casting the reproductions out of an inorganic material. These unique exhibits can now be seen in the Hanselab.

Während der Grabung wurde eine hölzerne Hangbefestigung aus dem 8./9. Jahrhundert entdeckt. Slawische Kleinfürsten errichteten in dieser Zeit eine Burg- und Verteidigungsanlage auf dem Gelände.

An 8th/9th-century timber structure to reinforce the slope was found during the dig. Minor Slavic princes built a castle and fortifications on the site during this period.

Im Hanselabor erfahren die Besucher mehr über das Ende der Hanse, von deren Mythos sowie über Wirtschaftsgeschichte, Hansearchäologie und Museologie. Rechts im Bild ist das rekonstruierte Teilstück einer Wasserleitung aus dem 16. Jahrhundert zu sehen.

Visitors to the Hanselab can find out more about the end of the Hanse, the Hanseatic myth, economic history, archaeology and museology. On the right of the picture is the reproduction of part of a watercourse from the 16th century.

Im Auge des Betrachters –
das Bild der Hanse im Wandel der Zeit
In the eye of the beholder –
the changing image of the Hanse

„Keine Atempause, Geschichte wird gemacht ..." Diese Liedzeile der Gruppe *Fehlfarben* aus den Achtzigerjahren bringt es auf den Punkt: Ansichten über historische Ereignisse, Personen oder Entwicklungen werden tatsächlich gemacht – und zwar meistens von Menschen, die in einem ganz anderen Kontext leben. Besonders populär ist die Mär vom *dunklen Mittelalter*, die Gelehrte in der Renaissance erschaffen haben, um sich von der vorhergegangen Zeit abzugrenzen und die Blüte der eigenen Epoche hervorzuheben. Die Periode zwischen Antike und der Zeit um 1500 degradierten sie kurzerhand zum rückschrittlichen Zwischenkapitel, in dem die glanzvollen Errungenschaften der Antike angeblich vergessen waren. Noch heute ist daher von mittelalterlichen Zuständen die Rede, wenn einem etwas rückschrittlich vorkommt.

Doch ebenso wie negative Konnotationen funktionieren auch Überhöhungen. Die Hanse ist dafür ein hervorragendes Beispiel. Heute verbinden wir mit dem Begriff meist positive Eigenschaften. In norddeutschen Städten, die einmal Mitglied der Hanse waren, ist das Handelsbündnis allgegenwärtig und wird als attraktives Vorbild empfunden. Die Hanse wird als Vorgängerin Europas zitiert, als Ausdruck europäischen Denkens und als Beispiel für gemeinschaftliches Handeln. Vor allem aber dient sie als Markenzeichen für Unternehmen und Produkte. Mit dem Begriff *Hanse* werden zentrale Tugenden des Bürgertums wie Fleiß, Tatendrang und Ehrbarkeit verbunden. Bis heute wird die Hanse – die *heimliche Supermacht* – als eine publikumswirksame Erfolgsgeschichte verstanden.

"No time for a breather, we're making history ..." These lyrics from the 80s band *Fehlfarben* sum it up perfectly: opinions about historical events, individuals and developments really are made – and mostly by people living in a completely different context. One popular myth is that of the medieval Dark Ages, which scholars created in the Renaissance to distinguish themselves from the period that had gone before and to emphasise the achievements of their own age. The period between Antiquity and about 1500 was summarily downgraded to a backwards interlude, which had supposedly forgotten the brilliant accomplishments of classical antiquity. Even today people still talk of the Dark Ages to mean something they consider to be backward.

But hyperbole works in the same way as denigration. The Hanse is an excellent example of the former. Today the term generally has positive connotations. In north German cities that were once a member of the Hanse the trading alliance is omnipresent and is considered to be an attractive role model. It is evoked as a precursor of Europe, an expression of European thinking and an example of concerted action. But above all it is used as a brand name for companies and products. Key middle class virtues such as hard work, drive and honesty are associated with the idea of the Hanse. To this day the Hanse – the *secret superpower* – is viewed as a success story with pulling power for the general public.

This image is the result of historical writing that knew how to instrumentalise the Hanse for political purposes: in the Wilhelmine Empire the trading alliance was presented primarily as a military power, whose well-armed navies were able to impose its will on foreign states. In the 1920s the idea took hold that the Hanse's main achievement was to have propagated "Germanness" and German ideals abroad. After 1945 the same European expansion of Hanseatic commerce is advanced as an example of the league's mission to keep the peace and unite disparate peoples.

Frieden von Stralsund, 1370: Lange feierten Historiker den Sieg hansischer Kriegsflotten über den dänischen König Waldemar IV. als Höhepunkt der Hansegeschichte.

Peace of Stralsund, 1370. For a long time historians celebrated the victory of Hanseatic navies over the Danish king Waldemar IV as a high point of Hanseatic history.

Zahlreiche Produkt- und Unternehmens- marken schmücken sich heute mit dem Be- griff *Hanse* (links). Darunter beispielsweise auch der Hamburger Schnellimbiss *Hanse Kumpir*, der gefüllte Backkartoffeln nach islamischer Speisevorschrift anbietet. Auf einer Postkarte aus dem Jahr 1913 (oben) gelobt der deutsche Kaiser Wilhelm II. vor einem Bild des Hamburger Hafens, den Kaufmann zu schützen.

Many products and companies now incor- porate the Hanse into their brand name (left). They include the Hamburg snackbar *Hanse Kumpir*, which offers baked potatoes and fillings that comply with Islamic dietary laws. On a postcard showing the port of Ham- burg in 1913, (above) the German Emperor Wilhelm II swears to protect merchants.

Dieses Bild resultiert aus einer Geschichtsschreibung, wel- che es verstand, die Hanse vor allem für politische Zwecke zu instrumentalisieren: In der Öffentlichkeit des wilhelminischen Kaiserreichs wurde das Bündnis der Kaufleute in erster Linie als militärische Macht präsentiert, deren schlagkräftige Kriegsflotten ausländische Mächte in die Knie zu zwingen vermochten. Seit den Zwanzigerjahren war man der Ansicht, die vermeintliche Leistung der Hanse habe darin bestanden, das Deutschtum im Ausland zu verbreiten. Nach 1945 wird dieselbe europäische Ausdehnung des hansischen Handels wiederum als Beispiel für ihre Frieden sichernden und Völker verbindenden Absichten angeführt.

Historiker selbst spielen naturgemäß bei der Erzeugung dieser Vorstellungen eine tragende Rolle: „Die Erforschung des Mittelalters", so der Historiker Valentin Groebner, „handelt immer so sehr von der jeweils eigenen Gegenwart der Erforscher, ihren Zwängen, Interessen und Wünschen wie von den jahrhundertealten Dokumenten, die sie untersuchen." Ein Geschichtsbild entsteht nicht im luftleeren Raum, es wird erzeugt.

Vor diesem Hintergrund ist auch interessant, welche Themen der Hansegeschichte es bisher nicht ins öffentliche Interesse geschafft haben. Die Rolle der Frau im hansischen Handel hat die männlich dominierte Wissenschaft bisher beispielsweise ausgeklammert. Es wäre zu wünschen, dass sich der Fokus künf- tiger Forschungen stärker auf dieses spannende Thema richtet. Denn genau wie sich Zeiten und Mentalitäten wandeln, ändern sich auch die Fragestellungen an die Geschichte der Hanse.

Of course historians themselves play a key role in forming these impressions: "*Research into the Middle Ages*", writes the historian Valentin Groebner, "*is always as much about the researchers' present day, its constraints, interests and desires, as about the centuries-old documents they study*". An historical image does not arise in a vacuum, it is created.

From this perspective it is also interesting to see which aspects of Hanseatic history have not made it into the public perception so far. So the role of women in Hanseatic trade has been ignored by the predominantly male group of academics, for example. It would be a good thing if this fascinating topic were to feature more prominently in future research on the history of the Hanse.

Hanseaten – Mythos und Realität des *ehrbaren Kaufmanns* seit dem 19. Jahrhundert

Hanseatic virtues – myth and reality of the *honest merchant* since the 19th century

In der Selbstbeschreibung der drei verbliebenen Hansestädte Hamburg, Bremen und Lübeck spielen die Begriffe *Hanseat* und *hanseatisch* eine wichtige Rolle. Allgemein wird damit heute diffus eine Grundhaltung bezeichnet, die von Nüchternheit, Pragmatismus, Weltoffenheit, Toleranz und Liberalität gekennzeichnet ist. Bis weit ins 20. Jahrhundert wurde mit dem Begriff zudem eine spezifische soziale Herkunft *„besonders aus der vornehmen Bürgerschicht"* der Einwohner einer Hansestadt verbunden (Duden: 1977, S. 1147). Selbst- und Fremdzuschreibungen der – fast immer männlich gedachten – Hanseaten manifestierten sich zudem in einem Verhaltenskodex, der mit Attributen wie Ehrlichkeit, Vertrauenswürdigkeit, nüchterner Kalkulation und Solidität verknüpft wurde. Der *ehrbare Kaufmann* und die ungeschriebenen Gepflogenheiten des Handels, beispielsweise der Vertragsabschluss durch Handschlag, waren dabei stilbildend (vgl. Bajohr/Wierling: 2012, S. 1f.).

In Hamburg wurde im Jahr 1517 die *Versammlung Eines Ehrbaren Kaufmanns* gegründet. Durch Einhaltung bestimmter Prinzipien beim Handel sollte sie die Kaufleute nach innen und außen schützen (vgl. Handelskammer Hamburg: 2015, S. 23). Jüdische Kaufleute blieben aus dieser Organisation zunächst ausgeschlossen. Erst ab 1849 durften sie in Hamburg das Bürgerrecht erwerben und konnten bei der *Versammlung Eines Ehrbaren Kaufmanns* zugelassen werden (ebd., S. 102). Ab 1880 wurde der Kreis noch einmal erweitert: Auch Vorstände von Industriebetrieben konnten jetzt Mitglied werden (ebd. S. 118).

Nach dem Ersten Weltkrieg hatte das Hamburger Handelsbürgertum durch massive Einschränkungen im Außenhandel seine wirtschaftliche Vormachtstellung eingebüßt und zudem seine angestammte Vorherrschaft in Senat und Bürgerschaft verloren. Vor diesem Hintergrund avancierte das Hanseatische nun zu einem Begriff in der politischen Arena, der von verschiedenen Parteien genutzt wurde. Aufseiten der konservativen Kräfte transportierte das Hanseatische den ungebrochenen Herrschaftsanspruch der Kaufmannseliten, die sich gegenüber den Sozialdemokraten und Kommunisten auf Kompetenz, Tradition und Herkunft berie-

In the self-assessment of the three remaining Hanseatic cities, Hamburg, Bremen and Lübeck, the terms Hanseat, used to describe a *Hanseatic person*, and *Hanseatic* itself, play an important role. Today they are generally and rather vaguely taken to refer to an attitude of sobriety, pragmatism, open-mindedness, tolerance and liberality. Until well into the 20th century the term was also associated with a specific social background, *"particularly the genteel middle classes"* of the inhabitants of a Hanseatic city (Duden Dictionary: 1977, p. 1147). These self assessments and those ascribed to *Hanseaten* – who were almost invariably male – by others, also manifested themselves in a code of conduct characterised by such attributes as honesty, trustworthiness, hardheaded commercial acumen and solidity. The idea of the *honourable merchant* and unwritten rules of commerce, such as confirming a contract with a handshake, were seminal (cf. Bajohr/Wierling: 2012, p. 1f.).

In Hamburg the *Assembly of An Honourable Merchant* was founded in 1517. By adhering to certain principles of business it was intended to protect the merchants internally and externally (cf. Hamburg Chamber of Commerce: 2015, p. 23). Jewish merchants were initially excluded from the organisation. Only from 1849 could they acquire civil rights in Hamburg and be admitted to the *Assembly of An Honourable Merchant* (ibid., p. 102) In 1880 the circle was expanded again to allow managing directors of industrial companies to join too (ibid. p. 118).

After the First World War the Hamburg merchant class lost its economic pre-eminence due to a massive reduction in external trade, also losing its traditional dominance of the Senate and the Parliament as a result. Now the term *Hanseatic* became a concept in the political arena and was used by a number of parties. For the conservatives it conveyed the unbroken claim to power of the merchant elites, who brought their competence, traditions and heritage to bear against the

fen (vgl. Stubbe da Luz in Hundt/Jockheck: 2001, S. 183–214).
Der damalige Bürgermeister Carl Petersen (1924–1930 sowie
1932–1933) hingegen, selbst Sohn einer Kaufmannsfamilie,
aber Mitglied der Deutschen Demokratischen Partei, wollte mit
dem Verweis auf das Hanseatische in der Weimarer Demokratie
das Bürgertum und die Arbeiterschaft vereinen und zugleich
die Weltoffenheit Hamburgs demonstrieren (z. B. Hamburger
Anzeiger vom 25.9.1931, S. 1).

Hansische Profile ist
ein Sonderdruck der
Hamburger Zeitschrift
Handel und Handwerk
aus dem Jahr 1936.

Hanseatic Profiles is a
special issue of the
Hamburg magazine Trade
and Crafts from the
year 1936.

Weitaus größer als lange Zeit angenommen ist die Rolle der
Hanseaten und hanseatischen Traditionen für die Legitimie-
rung des Nationalsozialismus in Hamburg einzuschätzen. Die
Hamburger Kaufleute schienen sich durch den im März 1933
eingesetzten *Regierenden Bürgermeister* Carl Vincent Krogmann,
Sohn einer großbürgerlichen Hamburger Familie, zumindest
formal gut repräsentiert gefühlt zu haben (vgl. Viereck: 1988,
S. 386). Und mit dem Verweis auf die hanseatischen Traditio-
nen und die mittelalterliche Stadtverfassung wurden auch die
Zentralisierung der Hamburger Verwaltung und die faktische
Entmachtung der Bürgerschaft gerechtfertigt. Der Journalist
Alfred Frankenfeld lobte 1935 gar, erst die *„Überwindung des
parlamentarischen Systems in Hamburg"* habe die *„Überwin-
dung eines dem hanseatischen Geist fremden Zustands"* erbracht
(Berliner Tageblatt vom 29.1.1935). Historiker wie der Direktor
des Hamburger Staatsarchivs, Heinrich Reincke, teilten seine
Ansicht (vgl. Grolle: 1997, S. 123–149).

Die Aktivitäten mittelalterlicher Hansekaufleute in Nord-
osteuropa wurden nun im Sinne der nationalsozialistischen
Vorstellung vom *„Lebensraum im Osten"* interpretiert (Hans Munchow am 2.3.1939 vor der Nordischen Gesellschaft in Hamburg).
Hanseatischen Kaufleuten wurde in diesem Zusammenhang eine
rassistisch-kolonialistische Eroberungsmentalität zugeschrieben
(vgl. Bajohr: 2013, S. 15–33 und 2014, S. 30). Ehemalige Übersee-
händler, die mit dem Zweiten Weltkrieg ihre Absatzgebiete in
Afrika verloren hatten, wurden als Pioniere dargestellt, die nun
den Handel in Osteuropa und seit 1941/1942 auf dem Gebiet
der Sowjetunion unter schwierigen Bedingungen organisierten.
In der Tat beschlagnahmten Hamburger und Bremer Kaufleute
Waren polnischer und jüdischer Geschäftsleute und beteiligten
sich an gewaltsamen Ernteerfassungen (vgl. Bretschneider:
1941, S. 1–2). Traditionelle Vorstellungen von *Ehrbarkeit* er-
fuhren damit eine massive, von den Akteuren selbst getragene
Umdeutung. Andererseits wurde das *Hanseatische* auch bei
der mentalen Bewältigung der Folgen des Bombenkriegs zum
Leitbild stilisiert; der Journalist Carl Düsterdieck verstand im
September 1943 unter Hanseatengeist *„Einsatzbereitschaft, Energie
und unbeugsamen Willen zum Leben"* (vgl. Thiessen: 2007, S. 53).

social democrats and communists (cf. Stubbe da
Luz in Hundt/Jockheck: 2001, p. 183–214) For Carl
Petersen, by contrast, mayor of Hamburg from
1924-30 and 1932–33, who was himself the son
of a merchant family but also a member of the
German Democratic Party, references to Hanseatic aspects of Weimar democracy were intended
to unite the middle class with the working
class and demonstrate Hamburg's open-minded,
international outlook (e.g. Hamburger Anzeiger,
25.9.1931, p. 1).

The role of *Hanseaten* and Hanseatic traditions
are also much more important than was long
thought for the legitimation of National Socialism in Hamburg. At a formal level at least, Hamburg merchants seem to have felt themselves
well represented by the Governing Mayor Carl
Vincent Krogmann, son of a patrician Hamburg
family, who was installed in March 1933 (cf.
Viereck: 1988, p. 386). References to Hanseatic
traditions and the medieval city charter were also
used to justify the centralisation of Hamburg's
civil service and the effective sidelining of its
parliament. In 1935 the journalist Alfred Frankenfeld even applauded the fact that *"overcoming the
parliamentary system in Hamburg"* had also made
it possible to *"overcome a situation alien to the
Hanseatic spirit"* (Berliner Tageblatt, 29/01/1935)
Historians like Heinrich Reincke, Director of
the Hamburg State Archives, shared his opinion
(cf. Grolle: 1997, p. 123–149).

The activities of Medieval merchants in north-
eastern Europe were now interpreted in light
of the National Socialists' desire for *Lebensraum*
in the east (Hans Munchow in a lecture given on
2 March 1939 to the Nordic Society in Hamburg).
In this context the Hanseatic merchants were
ascribed a racist and colonialist mentality and
said to have been intent on conquest (cf. Bajohr:
2013, p. 15-33 and 2014, p. 30). Former overseas
merchants, who had lost their sales markets in
Africa with the outbreak of the Second World

Weil das Hanseatische auch im *Dritten Reich* kein eindeutig fixierter ideologischer Begriff war, konnte es ebenso genutzt werden, um sich subtil bzw. partiell vom Nationalsozialismus zu distanzieren. Mit der Bierkeller-Mentalität der SA, so die nach 1945 postulierte Selbstsicht Hamburger Kaufleute, habe man *gefremdelt*. Maßgebliche Akteure in Politik, Wissenschaft und Wirtschaft wie etwa der spätere Präses der Handelskammer Hamburg, Albert Schäfer, behaupteten, der Nationalsozialismus sei in Hamburg im Vergleich zum übrigen Reich vergleichsweise wenig eingedrungen (Archiv der FZH, 12/C, Personalakten, Eidesstattliche Erklärung von Albert Schäfer für Joachim de la Camp, 6.12.1946, S. 1). Dafür wurden wiederum vermeintlich hanseatische Traditionen wie Weltoffenheit, Liberalität und Pragmatismus herangezogen.

Durchaus hatte Hamburg in wirtschaftlicher Hinsicht eine Art Sonderfall im *Dritten Reich* dargestellt, weil die ökonomischen Traditionen, Orientierungen und Strukturen der Stadt mit den Schwerpunkten der nationalsozialistischen Politik nur bedingt kompatibel waren. Doch im Ergebnis hatte dies nicht zu einer Distanzierung der Hansestadt gegenüber dem nationalsozialistischen Regime geführt, sondern vielmehr zu einer intensiven Verstrickung in die NS-Herrschaft und ihre Verbrechen (vgl. Bajohr: Hamburg, S. 21). Nichtsdestotrotz wurden in der städtischen Öffentlichkeit nach dem Ende des Zweiten Weltkriegs die Völker verbindende Wirkung des *hanseatischen Unternehmergeistes* und die hohe Reputation Hamburger Kaufleute im Ausland beschworen (vgl. Die ZEIT vom 19.12.1946).

Bis heute erfreut sich das Leitbild des *ehrbaren Kaufmanns*, der unabhängig von politischen Systemen für das Wohl seiner Vaterstadt sorgt, zumindest in Hamburg ungebrochener Popularität. Wie leicht sich die *Ehre* des hanseatischen Kaufmanns im Sinne einer rassistischen *Volksgemeinschaft* jedoch umdeuten ließ, wird dabei bis heute immer wieder außer Acht gelassen.

War, were represented as pioneers who were now organising commerce under difficult conditions in eastern Europe and from 1941/42 in the territory of the Soviet Union. Merchants from Hamburg and Bremen did indeed seize goods belonging to Polish and Jewish businessmen and were involved in violent harvest surveys (cf. Bretschneider: 1941, p. 1–2). Traditional concepts of honour and *honesty* were thus turned on their heads by the actors themselves. On the other hand, Hanseatic traits were also held up as a means of coping with the mental consequences of the bombing campaigns; in September 1943 the journalist Carl Düsterdieck defined the Hanseatic spirit as *"dedication, energy and the unyielding will to live"* (cf. Thiessen: 2007, p. 53).

Because the term Hanseatic was not a fixed ideological concept in the Third Reich either, it could also be used to distance oneself subtly or partially from National Socialism. So after 1945 the Hamburg merchants claimed that they had never *felt at home* with the (southern German) beer cellar mentality of the SA. Key figures in politics, academia and business, such as the later President of the Hamburg Chamber of Commerce, Albert Schäfer, maintained that National Socialism had not made such inroads in Hamburg as elsewhere in the Third Reich (FZH Archive, 12/C, personnel files, affidavit given by Albert Schäfer for Joachim de la Camp, 6.12.1946, p. 1). To support this claim he in turn advanced such supposed Hanseatic traditions as open-mindedness, liberality and pragmatism.

In an economic sense it is true that Hamburg was a special case within the Third Reich, because the city's economic traditions, orientation and structures were only partly compatible with the main objectives of National Socialist policy. But ultimately this did not mean that the Hanseatic city distanced itself from the National Socialist regime. On the contrary, it was intimately involved with the Nazi regime and its crimes (cf. Bajohr: Hamburg, p. 21). Despite this, the city's publicity after the end of the Second World War insisted on how the *Hanseatic spirit of commerce* brought peoples together and evoked the fine reputation of Hamburg merchants abroad (cf. Die ZEIT, 19/12/1946).

To this day, at least in Hamburg, the popularity of the *honest merchant,* who always has the good of his home town at heart, regardless of political systems, is unbroken. It is often forgotten how easy it was to redefine the *honour* of the Hanseatic merchant to fit in with the spirit of a racist *national identity.*

PD DR. LU SEEGERS

untersucht als wissenschaftliche Mitarbeiterin an der Forschungsstelle für Zeitgeschichte in Hamburg (FZH) im Rahmen des Projekts *Hanseaten und das Hanseatische in Diktatur und Demokratie* die Wandlungsprozesse, denen die Selbstbeschreibung der Hamburger als *Hanseat* oder *hanseatisch* im 20. Jahrhundert unterliegt.

Dr Lu Seegers is an academic researcher at the Research Centre for Contemporary History in Hamburg (FZH). As part of the project *Hanseaten and the Hanseatic character in Dictatorship and Democracy* she is investigating how the Hamburg citizens' descriptions of themselves as *Hanseaten* or *Hanseatic* in the 20th century are subject to a process of change.

Experiment Geschichte
A history experiment

Das Europäische Hansemuseum führt die Besucher auf einer Forschungsreise quer durch Europa an die zentralen Handelsplätze der niederdeutschen Kaufleute. Atmosphärische Raumbilder schaffen einen spontanen Zugang zu entscheidenden Momenten aus sechs Jahrhunderten Kultur- und Wirtschaftsgeschichte. Die detailgenaue Rekonstruktion historischer Situationen wechselt sich ab mit der klassischen Präsentation von Originalobjekten und bedeutenden Dokumenten in ruhigen, anschaulichen Kabinetten. Mit der Eintrittskarte erhalten die Besucher den Schlüssel zu ihrem persönlichen Ausstellungserlebnis: Eine Auswahl aus vier Sprachen, 50 Städten und vier Interessensgebieten wird auf einem RFID-Chip gespeichert und öffnet während des Rundgangs die Tür zu individuellen Informationen.

The European Hansemuseum takes visitors on a research trip across Europe to the main commercial centres used by the Low German merchants. Dramatic rooms establish spontaneous connections to decisive moments of six centuries of cultural and economic history. Detailed and accurate reconstructions of historic situations are interleaved with the classical presentation of original objects and important documents in placid display cabinets. The entrance ticket is the visitor's key to their own personalised tour of the exhibition: a selection of four languages, 50 towns and four topics is stored on a RFID chip, which opens the door to personalised information on every step of the way through the museum.

Jedes Detail in den inszenierten Räumen des Museums wurde nach schriftlichen und bildlichen historischen Quellen oder archäologischen Funden rekonstruiert.

Every detail in the staged history rooms of the museum has been reconstructed on the basis of written and pictorial sources or archaeological finds.

Ausstellungskonzept
Exhibition concept

Persönliches Ticket
Personal Ticket

Die Eintrittskarte ist der Schlüssel zu den Informationen im Museum. Ein integrierter RFID-Chip bietet die Möglichkeit, sich einen Rundgang nach individuellen Vorlieben zusammenzustellen. Wer möchte, kann eine Auswahl aus vier Sprachen, 50 europäischen Städten und vier Interessensgebieten treffen und erhält so an vielen Stationen im Museum zusätzliche Informationen – beispielsweise darüber, ob und wie die eigene Heimatstadt mit der Hanse verbunden war, wie sich die Seefahrt im Laufe der Jahrhunderte verändert hat oder wie Arme und Kranke im Vergleich zu den Kaufleuten gelebt haben.

The entrance ticket is the key to the information in the museum. An integrated RFID chip makes it possible to compose a personalised visit. Visitors can make a selection from four languages, 50 European towns and four topics. At many of the stations around the museum they can then obtain additional information about how their chosen town was connected with the Hanse, how seafaring has changed over the centuries or how the lives of the poor and sick compared with those of the merchants.

Wer am *Experiment Geschichte* im Europäischen Hansemuseum teilnimmt, eignet sich historische Zusammenhänge auf neue Weise an – emotional und intellektuell zugleich. Viele Besucher haben bereits Bilder vom mittelalterlichen Leben der Hansekaufleute im Kopf, wenn sie das Museum betreten: von wagemutigen Seefahrern auf stürmischer Ostsee, von edel gekleideten Bürgermeistern, die in backsteinroten Rathäusern souverän die Geschicke ihrer Städte lenken, oder von kanonenbestückten Koggen, auf denen schlagkräftige Kaufmänner fremde Herrscher ebenso wie gefährliche Piraten bezwingen. Spätestens seit dem 19. Jahrhundert wird die Geschichte der Hanse für die unterschiedlichsten politischen und wirtschaftlichen Zwecke inter-

Anyone who takes part in the History Experiment at the European Hansemuseum gains a new perception of historical relationships – at both an emotional and intellectual level. When they set foot in the museum, many visitors already have mental images of how medieval Hanseatic merchants lived: images of daring mariners on a stormy Baltic Sea, of finely dressed mayors in brick-built town halls, smoothly managing the affairs of their towns or of cogs bristling with cannon, with which fearsome merchants vanquish foreign rulers and dangerous pirates alike.

Die Kabinette, in denen wertvolle Originalobjekte sowie Urkunden und Dokumente als Faksimiles präsentiert werden, sind als klarer Kontrapunkt zu den inszenierten Räumen ruhig und anschaulich gestaltet.

The cabinets in which valuable original objects and facsimiles of deeds and documents are presented are deliberately placid, to form a clear contrast to the staged history rooms.

Die Anordnung der Ladung auf den Schiffen wurde beispielsweise anhand von Sonarbildern gesunkener Koggen in der Ostsee rekonstruiert. Fässer waren die Container des Mittelalters. Darin transportierten die Kaufleute nicht nur Flüssigkeiten, sondern beispielsweise auch Pelze.

The position of the cargo on the ships for example was determined using sonar images of sunk cogs in the Baltic Sea. Barrels were the containers of the Middle Ages and used not only to transport liquids, but also items such as pelts.

By the 19th century at the latest the history of the Hanse is interpreted for the most diverse political and economic purposes. The resulting images have made a profound impression on the public imagination. The exhibition in the European Hansemuseum confronts the popular imagery with impressive staged scenes, in which historic situations are reconstructed down to the last detail on the basis of the latest research findings.

Eloquent settings

The stage sets do tap into the visitors' prior knowledge of history, but at the same time they disrupt and deconstruct widespread perceptions which are no longer tenable in view of current research. In extensive interdisciplinary enquiry, academics from many different fields have collated the latest research findings on the history of the Hanse and the life of merchants in the Middle Ages and the early modern period. They provide the scientific foundation from which the staged sets approach the historical situations by means of associations.

The aim is not to immerse the visitors completely in a given scene. They rather find themselves in the role of a time-traveller, who lands in a specific historic situation and can get an overview of the key information from the different panels, monitors and audio stations. Where have I landed and in which century? How did the merchants here live? Why did they build a trading post here and how did they conduct their business? With a mixture of scientifically accurate reconstructions, vivid films and light and sound installations, the expressive rooms create spontaneous emotional connections to history, which every visitor can pursue at an intellectual level in line with their individual preferences.

pretiert. Die daraus resultierenden Bilder haben sich tief in das öffentliche Gedächtnis eingeprägt. Die Ausstellung im Europäischen Hansemuseum begegnet den populären Darstellungen mit eindrucksvollen Inszenierungen, in denen historische Situationen auf der Grundlage aktuellster Forschungsergebnisse detailgenau rekonstruiert sind.

Atmosphärische Raumbilder

Die begehbaren Dioramen knüpfen zwar durchaus an das historische Vorwissen der Besucher an, sie irritieren und entflechten jedoch zugleich verbreitete Vorstellungen, die nach heutigem Wissensstand nicht mehr haltbar sind. In umfangreichen interdisziplinären Recherchen haben Wissenschaftler aus den verschiedenen Fachgebieten die aktuellsten Forschungsergebnisse zur Geschichte der Hanse und zum Leben der Kaufleute im Mittelalter und der frühen Neuzeit zusammengetragen. Sie liefern die wissenschaftliche Grundlage, auf der sich die Inszenierungen assoziativ den historischen Situationen nähern.

Ziel ist es dabei nicht, die Besucher vollständig in eine bestimmte Szene eintauchen zu lassen. Sie finden sich vielmehr selbst in der Rolle eines zeitreisenden Forschers wieder, der in einer konkreten historischen Situation landet und sich an verschiedenen Tafeln, Monitoren und Hörstationen einen Überblick über die wichtigsten Informationen verschaffen kann: Wo und in welchem Jahrhundert bin ich gelandet? Wie haben die Kaufleute hier gelebt? Warum haben sie an diesem Ort ein Kontor errichtet und wie tätigen sie ihre Geschäfte? Mit einer Mischung aus wissenschaftlich fundierten Rekonstruktionen, assoziativen Filmen sowie Licht- und Soundinstallationen schaffen die atmosphärischen Raumbilder einen spontanen emotionalen Zugang zu der Geschichte, die jeder Besucher selbst nach seinen individuellen Bedürfnissen intellektuell vertiefen kann.

Detail im Raum Brügge 1361: Die aufwendig verzierten Reliquienbeutel, in denen gläubige Christen im Mittelalter Gegenstände religiöser Verehrung aufbewahrten, wurden vor allem von Kaufleuten aus Köln auf den Brügger Märkten angeboten.

Detail in the room Bruges 1361: pious Christians in the Middle Ages used elaborately decorated bags to carry holy relics – items of religious veneration. At the markets in Bruges these were a speciality of the merchants from Cologne.

Reconstruction of the relic bags

Even the small details in the historical rooms have been produced on the basis of the latest scientific findings, like the relic bags, for example. Woollen cloth is one of the most important articles of merchandise in the 14th century. The models for the relic bags, which were also sold by merchants from Cologne in the Old Hall in Bruges, were extremely rare archaeological finds from the Stiftsmuseum St. Castor in Treis-Karden and the Basilica of St. Servatius in Maastricht. Historians think that the originals conserved here were woven in the region around Cologne and were used to keep holy relics, i.e. objects of religious veneration. Archaeologists, textile and art historians and medievalists have researched what this kind of small bag would have looked like more than 600 years ago and how it was woven. Sylvia Wiechmann, a master weaver, was asked to weave copies of these textiles by the European Hansemuseum. She tested these results in practice and adapted them accordingly. She also determined the strength of the yarn required by making different samples.

The luxurious medieval fabric known as samite is extremely complicated to weave. The fabric for the relic bags was probably woven on a drawloom, on which an assistant known as a "drawboy" managed the figure harness while the weaver wove the cloth. To get as close as possible to this historical model, Sylvia Wiechmann modified her loom accordingly: the draw system was adapted, a second warp beam was fitted and the warp was set up with a special draw harness for samite. In order to

Reliquienbeutel
Relic bags

1+2 Auf den hochauflösenden Digital-fotos der Originale ist jeder einzelne Faden zu erkennen. Anhand der Bilder erstellt die Weberin eine Muster-vorlage. **3** Um der mittelalterlichen Webtechnik möglichst nahezukom-men, musste der Webstuhl extra umgebaut werden. **4–6** Links das Ori-ginaltuch, in der Mitte die Rück- und rechts die Vorderseite des nachge-webten Stoffs. **7** Mit Troddeln verziert hängen die Beutel in der Ausstellung. **8** Ein Original aus dem Stiftsmuseum St. Castor in Treis-Karden. **9** Vorder-seite des nachgewebten Stoffs.

1+2 The high-resolution digital photos of the originals show every single thread. The weaver uses the pictures to design a pattern. **3** The loom had to be specially modified to get as close as possible to the medieval weaving technique. **4–6** On the left is the original fabric, in the middle the back and on the right the front side of the new fabric. **7** Bags decorated with tassles in the exhibition. **8** An original from the Stiftsmuseum St. Castor in Treis-Karden. **9** Face of the modern fabric.

Rekonstruktion der Reliquienbeutel

Auch die kleinen Details in den inszenierten Räumen wurden auf der Basis neuester wissenschaftli-cher Erkenntnisse angefertigt, wie zum Beispiel die Reliquienbeutel. Tuche zählen im 14. Jahrhundert zu den wichtigsten Handelswaren. Als Vorlage für die Reliquienbeutel, die unter anderem von Kaufleuten aus Köln in der Alten Halle in Brügge angeboten wurden, dienten äußerst seltene archäologische Funde aus dem Stiftsmuseum St. Castor in Treis-Karden und der Basilika des Heiligen Servatius in Maastricht (Niederlande). Historiker gehen da-von aus, dass die hier aufbewahrten Originale im Kölner Raum gewebt wurden und zur Aufbewahrung von Reliquien, also von Gegenständen religiöser Verehrung, dienten. Wie solche kleinen Beutel vor mehr als 600 Jahren vermutlich aussa-hen und wie sie gewebt wurden, haben Archäologen, Textil- und Kunsthistoriker sowie Mediävisten recherchiert. Diese Ergebnisse hat die Handwebmeisterin Sylvia

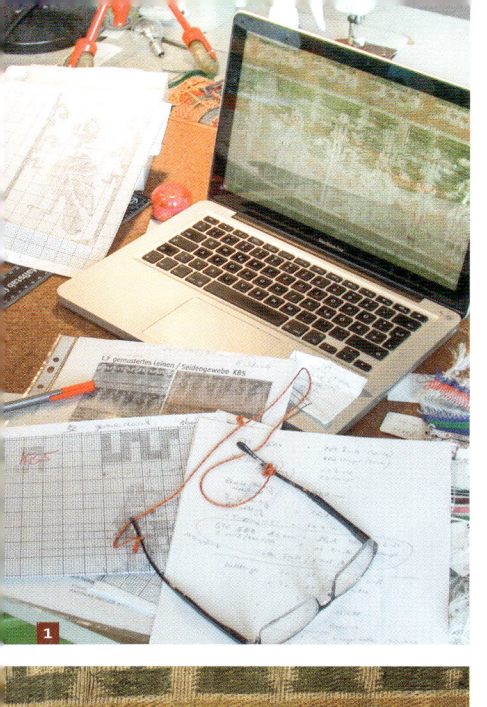

1

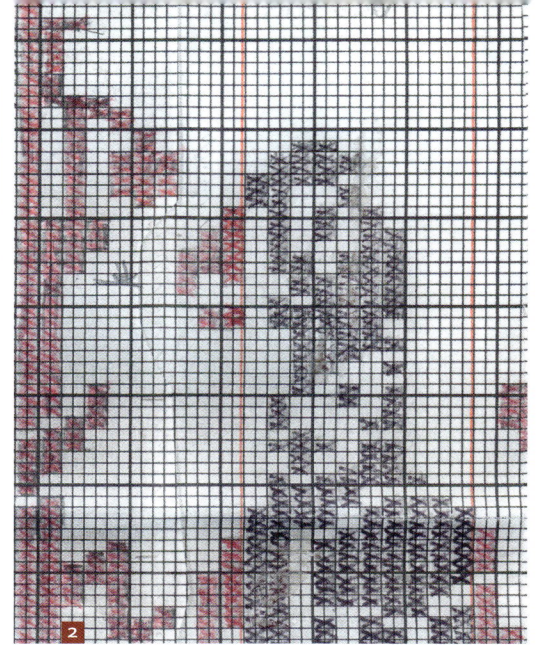

2

3

4

5

6

7

8

9

Wiechmann, die vom Europäischen Hansemuseum mit dem Nachweben der Stoffe beauftragt wurde, in der Praxis überprüft und entsprechend angepasst. Durch Gewebeproben hat sie zudem die erforderlichen Garnstärken ermittelt.

Die mittelalterliche Gewebetechnik, der sogenannte Samit, ist extrem aufwendig zu weben. Vermutlich wurde der Stoff für die Reliquienbeutel auf Zugwebstühlen hergestellt, bei denen ein Ziehjunge das Muster ausgezogen hat, während der Weber das Tuch webte. Um diesem historischen Vorbild möglichst nahezukommen, baute Sylvia Wiechmann ihren Webstuhl entsprechend um: Die Zugeinrichtung wurde angepasst, ein zweiter Kettbaum eingebaut und die Kette wurde mit einem Spezialeinzug für Samit eingerichtet. Um das Muster genau kopieren zu können, hat sie anhand hochauflösender Digitalfotos

der Originale eine Musterzeichnung erstellt, die sogenannte Bildpatrone, die beim Weben des Musters als Vorlage diente. So ist eine nahezu exakte Kopie der auch als *Kölner Borten* bezeichneten mittelalterlichen Tuche entstanden, die anschließend von einer Kostümbildnerin zu kleinen, individuell verzierten Beuteln weiterverarbeitet wurden.

Originalobjekte und Dokumente

Einen klaren Kontrapunkt zu den atmosphärischen Raumbildern liefern die Kabinette, in denen wertvolle Originalobjekte sowie bedeutende Urkunden und spannende Dokumente als Faksimiles in kontemplativer Umgebung präsentiert werden. Sie erzählen von Alltag und Leben der Kaufleute und belegen entscheidende Ereignisse und Entwicklungen in der Geschichte der Hanse. Ein Stück Birkenrinde aus dem russischen Nowgorod verrät beispielsweise, wie sich die Kaufleute der Hanse wahrscheinlich auch Kulturtechniken ihrer Gastländer angeeignet haben. Der Aufruf zum Handelsboykott aus dem Jahr 1358 belegt, wann sich die niederdeutschen Kaufleute selbst erstmals als *stede van de dudesche hense* also als *Städte der deutschen Hanse* bezeichnet haben. Oder der Zettel eines Kaufmanns aus dem 13. Jahrhundert: Er zeigt nicht nur, wie die Fernhändler den Überblick über ihre Geschäfte behalten haben, sondern auch, wer ihre Kunden waren, wo sie lebten und wer sich beispielsweise einen Stoff aus Brügge überhaupt leisten konnte. Durch die scharfe Trennung der künstlerischen Inszenierung historischer Situationen und der nüchternen

be able to copy the pattern exactly, she made a drawing from high-resolution digital photos of the original, the figure pattern, which is used as a template for weaving the figures. In this way she created an almost exact copy of the medieval fabrics, which were then made into the small, individually decorated bags by a costume designer.

Original objects and documents

In a clear contrast to the expressive set pieces, the display cabinets are deliberately pared down. Valuable original objects are presented here, along with facsimiles of important and fascinating documents and deeds. They tell of the merchants' daily lives and provide evidence of decisive events and developments in the history of the Hanse. A piece of birch bark from Novgorod in Russia, for example, reveals how the Hanseatic merchants would probably have adopted cultural techniques from their host countries. The call for a trade embargo in 1358 shows when the Low German merchants first described themselves as *stede van de dudesche hense* or *towns of the German Hanse*. A merchant's note from the 13th century not only shows how long-distance merchants kept track of their business, but also who their customers were, where they lived and who could afford fabric from Bruges anyway. By making a sharp distinction between the artifice inherent in the historical scenery and the sober presentation of original objects and documents, these centuries-old artefacts are not overwhelmed, but maintain their aura.

Why facsimiles?

The deeds and documents from the Middle Ages and the early modern period are fragile manuscripts that cannot tolerate any variation in temperature or humidity. To preserve the valuable originals, facsimiles, i.e. accurate reproductions, have been made for the exhibition in the European Hansemuseum. This was also a particular challenge for the academics and taxidermists. In the

Präsentation von Originalobjekten und Dokumenten werden die jahrhundertealten Fundstücke nicht zum Verschwinden gebracht – sie behalten ihre Aura.

Warum Faksimiles?

Bei den Urkunden und Dokumenten aus dem Mittelalter und der frühen Neuzeit handelt es sich um fragile Schriftstücke, die keinerlei Veränderungen der Temperatur oder Luftfeuchtigkeit vertragen. Um die wertvollen Dokumente nicht zu gefährden, wurden für die Ausstellung im Europäischen Hansemuseum Faksimiles, also originalgetreue Kopien, angefertigt. Auch das ist eine besondere Herausforderung an die Wissenschaftler und Präparatoren. Im Mittelalter wurden Urkunden auf Pergament verfasst, also auf der getrockneten Haut von Schafen, Ziegen oder Kälbern. Das frisch abgezogene Fell wurde in einen Rahmen gespannt, von beiden Seiten abgeschabt und anschließend mit Kalkmilch eingerieben. Heute wird Pergament beispielsweise für Trommelbespannungen verwendet. Da es zum Beschreiben zu dick ist, muss es dem mittelalterlichen Material angepasst werden.

Für die Prachtausgabe eines Privilegs aus dem Jahr 1547, das noch einmal alle Sonderrechte der Kaufleute in England auflistet, stellte der tschechische Restaurator und Buchmaler David Frank das Pergament selbst her, um tatsächlich exakt die Qualität der mittelalterlichen Dokumente zu erzielen. Die prächtige Buchmalerei übernahm er detailgenau mit historischen Pigmentfarben und auch die originale Vergoldetechnik setzte der erfahrene Restaurator ein. Minutiös kopierte der Buchmaler die Handschrift des Verfassers in einer nach historischem Rezept angefertigten Eisengallustinte. So ist ein Dokument entstanden, das dem Original tatsächlich täuschend ähnlich sieht.

Middle Ages, deeds were written on parchment, the dried skin of sheep, goats or calves. Fresh hides were stretched on a frame, scraped from both sides and then rubbed down with limewater. The parchment used today for certain drum skins is too thick to write on and so has to be modified to resemble the material used for medieval manuscripts.

For the ceremonial copy of a privilege dating from 1547, which lists all the rights ever granted to merchants in England, the Czech restorer and illustrator David Frank made his own parchment in order to achieve exactly the quality as was used for the medieval documents. The experienced restorer reproduced the splendid illuminations using historic pigments and also applied the gold leaf by means of the original technique. He copied the scribe's handwriting using an iron gall ink made according to a historic formula. And so a document was created that is astonishingly similar to the original.

Faksimile eines Privilegs, das Kaiser Friedrich I. Barbarossa der Stadt Lübeck verliehen hat. Das Original aus dem Jahr 1188 ist nicht mehr erhalten. Vermutlich wurde die Urkunde 1225 neu verfasst. Für das Europäische Hansemuseum hat die Restauratorin Antje Stubenrauch das Dokument faksimiliert.

Facsimile of a privilege granted to Lübeck by Emperor Frederick I. The original from 1188 no longer exists. The document was probably rewritten in 1225. The restorer Antje Stubenrauch created this facsimile for the European Hansemuseum.

Daten und Fakten
Facts and figures

Historie

Erfindungen

1143 —— Graf Adolf II. von Schauenburg **gründet Lübeck** und ruft Siedler in die durch zahlreiche Kriege entvölkerte Region. Die Stadt zwischen Trave und Wakenitz entwickelt sich zum Fernhandelszentrum.

um 1150 —— Das **Heckruder** hält Einzug in den europäischen Schiffbau.

1161 —— Mit dem **Artlenburger Privileg** vermittelt Herzog Heinrich der Löwe nach blutigen Auseinandersetzungen zwischen deutschen und gotländischen Fernhändlern. Eine Gegenseitigkeitsklausel sichert beiden Gruppen im jeweils anderen Herrschaftsgebiet die gleichen Rechte zu.

1176 —— Der englische König Heinrich II. stellt Kölner Kaufleuten ein Privileg aus. Sie erhalten mit der **Gildehalle** eine Niederlassung in London, aus der sich später der **Stalhof** entwickelt.

1191/1192 —— Niederdeutsche und gotländische Kaufleute schließen mit Fürst Jaroslaw von Nowgorod einen Handelsvertrag. Er enthält die ersten überlieferten Rechte für deutsche Fernhändler in Russland.

seit Ende des 12. Jh. —— Niederdeutsche Kaufleute beteiligen sich aktiv an der gewaltsamen Eroberung und Besiedlung des Baltikums. In einer Urkunde verbrieft Papst Honorius III. 1226 den besonderen Status der Stadt Lübeck als Ausgangshafen für die Kreuzzüge.

um 1200 —— In Europa wird das **arabisch-indische Ziffernsystem** bekannt; gerechnet wird weiterhin mit römischen Ziffern.
In Florenz entstehen die ersten **Banken.**

um 1210 —— **Lübeck wächst.** Teile der Flussniederungen werden trockengelegt, um neues Bauland zu gewinnen. Überall in Europa entstehen seit 1150 neue Städte, vorhandene werden erweitert. Der Bauboom hält bis etwa 1300 an.

seit 1217 —— In Lübeck wird eine die gesamte **Halbinsel umschließende Mauer** gebaut. Sie dient nicht nur der Verteidigung, sondern grenzt auch einen eigenen Rechts- und Wirtschaftsraum vom Umland ab.

1176 —— Mit dem **Reichsfreiheitsprivileg** gewährt Friedrich II. Lübeck weitgehende Autonomie. Die Stadt untersteht jetzt direkt dem römisch-deutschen König und Kaiser. Ihre wichtigste Instanz ist der Rat.

Mit dem Siegel des römisch-deutschen Kaisers Friedrich II. wird das Reichsfreiheitsprivileg von 1226 rechtskräftig.

The seal of the Holy Roman Emperor Frederick II confirms the privilege of Imperial Immediacy dating from 1226.

seit 1231 —— Ritter des Deutschen Ordens ziehen auf Bitten des polnischen Herzogs Konrad von Masowien in einen blutigen Krieg gegen das baltische Volk der Pruzzen. Kaiser Friedrich II. hat ihnen dafür mit der **Goldbulle von Rimini** das Privileg erteilt, in dem eroberten Gebiet einen eigenen Staat zu errichten.

1252/1253 —— Gräfin Margarete II. von Flandern verleiht Kaufleuten aus Lübeck, Hamburg, Aachen, Köln, Dortmund, Münster, Soest und anderen Fernhändlern des Römischen Reichs Privilegien.

1270–1300 —— In Italien wird der **nasse Kompass** optimiert; im Mittelmeerraum entwickelt sich mit den **Portolankarten** eine erste Form genauerer Seekarten.

um 1300 —— Die ersten **Feuerwaffen** kommen in Europa zum Einsatz. Zur gleichen Zeit halten **Turmuhren** Einzug in die Städte.

um 1340 —— In Italien beginnen Kaufleute, die **doppelte Buchführung** zu verwenden.

Ansicht vom Städtebau Lübecks aus der Weltchronik *Rudimentum Noviciorum* des Lucas Brandis, die 1475 in Lübeck gedruckt wurde.

View of the construction of Lübeck from the *Rudimentum Noviciorum* by Lucas Brandis, printed in Lübeck in 1475.

History

Inventions

1143 —— Count Adolf II of Schauenburg **establishes Lübeck** and brings settlers to a region depopulated by numerous wars. The town between the rivers Trave and Wakenitz becomes a long-distance trading centre.

around 1150 —— The **stern-mounted rudder** is introduced in European shipbuilding.

Die Wandmalerei aus dem 14. Jahrhundert in der Kirche zu Skamstrup, Dänemark, zeigt eine Kogge.

This 14th-century wall painting of a cog comes from the church in Skamstrup, Denmark.

1161 —— With the **Artlenburg Privilege** Duke Henry the Lion brokered a peace between German and Gotlandic merchants after bloody feuds. The treaty gave the two groups reciprocal trading rights in each other's territories.

1176 —— King Henry II of England grants a privilege to merchants from Cologne. They are given the **Guild Hall**, a trading post in London that later becomes the **Steelyard**.

1191/1192 —— Low German and Gotlandic merchants sign a commercial treaty with Prince Jaroslav of Novgorod. It contains the first documented rights for German merchants in Russia.

since the end of the 12th cent. —— Low German merchants play an active role in the violent conquest and settlement of the Baltic. In a papal bull, Pope Honorius III confirms Lübeck's special status as the port of departure for the crusades.

um 1200 —— Europe discovers the **Hindu-Arabic system of numerals**, but continues to use Roman numerals.
The first **banks** are founded in Florence.

around 1210 —— Lübeck expands. Sections of low-lying land by the river are drained to reclaim new building land. New settlements spring up across Europe from 1150 and existing towns are expanded. The building boom continues until around 1300.

Waldemar IV. von Dänemark auf einem Fresko von 1375 in der St. Peterskirche in Næstved, Dänemark.

Waldemar IV of Denmark on a fresco from 1375 in St. Peter's Church in Naestved, Denmark.

1358 —— Die Vertreter niederdeutscher Städte beschließen in Lübeck eine rigorose **Blockade** der gesamten Grafschaft Flandern. Diese Versammlung gilt als **erster Hansetag,** weil die Teilnehmer sich in ihrem Aufruf zum Handelsboykott zum ersten Mal als *Städte der deutschen Hanse* (stede van der dudeschen Hense) bezeichnen. Immer wieder setzen die Fernhändler ihre wirtschaftlichen Interessen gegenüber lokalen Herrschern mit gewaltsamen Aktionen oder Blockaden durch, wenn diplomatische Verhandlungen nicht ans Ziel führen.

1361/1362 —— Der dänische König Waldemar IV. erobert die Stadt Visby auf Gotland, nachdem er bereits ein Jahr zuvor die für hansische Fernhändler bedeutende Provinz Schonen besetzt hat. Die Kaufleute verlieren wichtige Privilegien. Hansische Truppen ziehen gegen Dänemark in den **Krieg,** müssen jedoch eine herbe Niederlage einstecken.

1366 —— Der Hansetag bestätigt die Statuten des **Kontors in Bergen** – das genaue Gründungsdatum der Niederlassung ist nicht überliefert.

1367 —— Die **zweite Pestwelle** wütet in Europa. Schätzungsweise jeder Dritte stirbt an den Folgen der Seuche. Auch viele Wohlhabende fallen der Krankheit zum Opfer. Ihr Vermögen konzentriert sich nun in den Händen der Überlebenden – und der kirchlichen Institutionen, die in vielen Testamenten bedacht werden.

1367–1398 —— Der **Konflikt zwischen der Hanse und Dänemark** flammt wieder auf. In Köln formiert sich eine große Konföderation gegen Waldemar IV. Die westfälischen, niedersächsischen und rheinischen Städte, Köln eingeschlossen, bleiben dem Bündnis jedoch fern – die Märkte der Hanse in der Ostsee sind für sie nur von geringem Interesse. Allerdings beteiligen sich Kaufleute aus diesen Städten, die selbst im Ostseehandel aktiv sind, an den Kriegskosten. 1370 unterliegt der dänische König. Mit dem **Friedensvertrag von Stralsund** können die hansischen Kaufleute ihre Handelsinteressen durchsetzen.

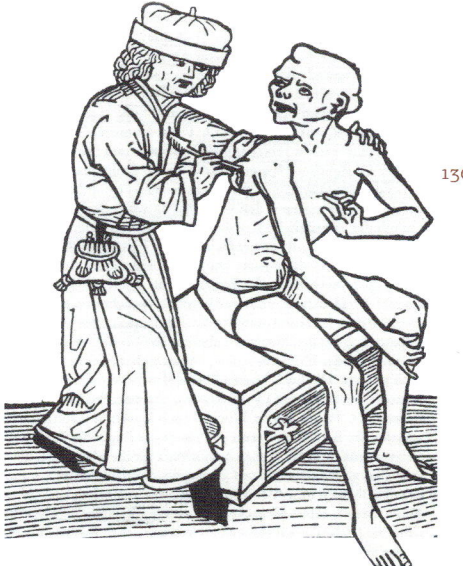

Ein Arzt öffnet die Pestbeulen eines Kranken. Im Mittelalter haben die Menschen kaum Kenntnisse über die Ursachen der Pest. (Holzschnitt von 1482)

A physician opening the buboes of a sick man. In the Middle Ages people have virtually no understanding of what causes the plague. (Woodcut from 1482)

---

since 1217 —— In Lübeck a wall is built around the whole peninsula. It not only serves to defend the city, but also to demarcate its jurisdiction and economic system from the surrounding area.

1226 —— Frederick II grants Lübeck the **privilege of imperial immediacy,** making the city largely independent. It is now directly subordinate to the Holy Roman King and Emperor. The city's governing body is the council.

since 1231 —— Knights from the Tutonic Order go to war against the Baltic Prussians at the request of the Polish Duke Konrad I of Masovia. In his **Golden Bull of Rimini,** Emperor Frederick II gives them the privilege of establishing their own state in the conquered territories.

1252/1253 —— Countess Margarete II. of Flanders Flanders grants privileges to merchants from Lübeck, Hamburg, Aachen, Cologne, Dortmund, Münster, Soest and other long-distance traders in the Holy Roman Empire.

1270–1300 —— In Italy the **wet compass** is optimised; around the Mediterranean an early form of accurate sea charts, **Portolan charts,** are developed.

um 1300 —— **Firearms** are used in Europe for the first time. At the same time **clock towers** begin to be built in towns.

um 1340 —— Merchants in Italy start to use **double entry bookkeeping.**

1358 —— Representatives of Low German towns decide in Lübeck to impose a **strict embargo** on the entire county of Flanders. This meeting is considered to be the **first Hansetag,** because in their call for a trade boycott the towns refer to themselves for the first time as the *stede van der dudeschen Hense* (towns of the German Hanse). Again and again, the long-distance merchants use violence and blockades to advance their economic interests against local rulers when diplomatic negotiations do not deliver the desired results.

1361/1362 —— The Danish king Waldemar IV conquers the town of Visby on Gotland. The previous year he had occupied the province of Scania, which was important for the long-distance Hanseatic merchants. The merchants lose key privileges. Hanseatic troops set out to fight Denmark, but suffer a terrible defeat.

1366 —— The Hansetag confirms the statutes of the kontor in Bergen – the exact date on which the trading post was established is unknown.

1367 —— The **Plague** comes to Europe for the second time. It is estimated that one in three of the population dies from the disease. Many wealthy people are also among its victims. Now their fortunes are concentrated in the hands of the survivors – and with the Church institutions which are the beneficiaries of many wills.

1367–1398 —— The conflict between the Hanse and Denmark flares up again. A large alliance against Waldemar IV is formed in Cologne. The Westphalian, Lower Saxon and Rhinish towns, including Cologne, do not join the alliance, however. The Hanse's markets in the Baltic are not of great interest to them. Nonetheless, merchants from these towns who are involved in Baltic trade do contribute to paying for the war. In 1370 the Danish king is defeated. In the **Peace of Stralsund** the Hanseatic merchants assert their commercial interests.

1390–1398 — Zwischen Elbe und Trave entsteht mit dem 94 Kilometer langen **Stecknitzkanal** einer der ersten Kanäle Mitteleuropas. Salz kann jetzt wesentlich kostengünstiger von Lüneburg nach Lübeck transportiert werden.

1418 — Auf einem Hansetag in Lübeck wird beschlossen, dass künftig nur noch Ratsmitglieder an den Versammlungen teilnehmen dürfen; Städte, in denen der Rat in der Folge sozialer Unruhen entmachtet wurde, sollen aus der Hanse ausgeschlossen werden. Lübeck und den wendischen Städten wird formal die **Geschäftsführung** zwischen den Hansetagen übertragen.

um 1460 — In Mainz erfindet Johannes Gutenberg den **Buchdruck** mit beweglichen Metall-Lettern. Wissen und Informationen können jetzt massenhaft reproduziert und verteilt werden – eine neue Öffentlichkeit entsteht.

Buchdruckerwerkstatt aus der Chronik des Johann Ludwig Gottfried, 1674.

Printing house from Johann Ludwig Gottfried's Historical Chronicle, 1674.

1470–1474 — Ein Konflikt mit England führt zu Spannungen zwischen den Hansestädten; Köln wird aus der Hanse ausgeschlossen. Ein hansisch-englischer Kaperkrieg endet 1474 mit dem **Frieden von Utrecht**. 1476 wird Köln wieder in die Hanse aufgenommen.

seit 1480 — Die oberdeutsche **Familie Fugger** steigt zu einer der bedeutendsten Kaufmannsdynastien auf.

1492 — **Christoph Kolumbus** will einen Seeweg nach Indien erkunden und landet auf den Bahamas. Für die Europäer vergrößert sich die ihnen bisher bekannte Welt schlagartig.

1494 — Der Moskauer Großfürst Iwan III. lässt das **Kontor in Nowgorod** schließen. Die Hanse verliert ihre älteste und wichtigste Niederlassung im Osten und alle Privilegien in Russland.

Zar Iwan III. (1440–1505), Illustration von André Thevet, 1575.

Czar Ivan III (1450–1505) Illustration by André Thevet, 1575.

1498 — **Vasco da Gama** entdeckt den Seeweg nach Indien. Ihm folgen portugiesische Kaufleute nach Asien.

seit 1511 — Portugal kontrolliert die als **Gewürzinseln** bezeichneten Molukken im heutigen Gebiet Indonesiens. Lissabon wird zum Hauptumschlagplatz für Gewürze.

1517 — **Martin Luther** veröffentlicht 95 Thesen, in denen er sich gegen die Ablasspraxis der Kirche wendet.

1518 — Auf dem **Hansetag in Lübeck** diskutieren Vertreter der Hansestädte, wie mit dem starken Machtzuwachs der Fürsten umzugehen ist. Städte, die ihre Autonomie gegenüber ihren Landesfürsten bereits weitgehend verloren haben, sollen künftig nicht mehr zu den Versammlungen eingeladen werden.

nach 1520 — Nach langjährigen Diskussionen beschließt die Hanse, ihr Brügger Kontor nach **Antwerpen** zu verlegen. Längst ist die reiche Hafenstadt zum wesentlich attraktiveren Handelsplatz aufgestiegen; viele niederdeutsche Kaufleute haben ihre Handelstätigkeit bereits hierher verlegt.

seit 1521 — Die reformatorischen Ideen Martin Luthers verbreiten sich in vielen Hansestädten; Johannes Bugenhagen verfasst seit 1528 **neue Kirchenordnungen** u. a. für die Städte Braunschweig, Hamburg und Lübeck. Die Hansestädte Köln und Münster behalten den alten Glauben.

1531 — In Antwerpen wird das erste **Börsenhaus** Europas gebaut.

Kolumbus landet in Amerika. 1594 entstandener Kupferstich von Theodor de Bry (1528–1598).

Columbus lands in America Etching made in 1594 by Theodor de Bry (1528–1598).

1390 –1398 — One of the first canals in Europe, the 94km **Stecknitz Canal**, is built between the rivers Elbe and Trave. Now salt can be transported from Lüneburg to Lübeck much cheaper.

1418 — A decision is taken at a Hansetag in Lübeck that only council members may attend the meetings in future; towns where the council has been dissolved as a result of social unrest are to be excluded from the Hanse. Lübeck and the Wendish towns are formally appointed to **manage the affairs** of the league in between the Hansetag meetings.

around 1460 — Johannes Gutenberg in Mainz invents printing with movable metal type. Now knowledge and information can be reproduced and distributed in bulk and a new reading public is created.

1470 –1474 — A conflict with England leads to tensions between the Hanseatic towns; Cologne is excluded from the Hanse. A privateer war between the Hanse and England ends in 1474 with the **Peace of Utrecht**. 1476 Cologne is readmitted to the Hanse.

since 1480 — The Upper German **Fugger family** emerges as one of the most powerful merchant dynasties.

1492 — **Christopher Columbus** attempts to find a sea route to India and lands in the Bahamas. The limits of Europe's known world are expanded at a stroke.

1494 — Ivan III, Grand Prince of Moscow, has the kontor in Novgorod closed. The Hanse loses its oldest and most important eastern trading post and all its privileges in Russia.

1498 — **Vasco da Gama** discovers the sea route to India. He is followed by Portuguese merchants.

since 1511 — Portugal controls the Spice Islands, now known as the Moluccas, which form part of Indonesia. Lisbon becomes the main commercial centre for spices.

554–1557 Die Hanse organisiert sich neu. Ein juristisch geschulter Mitarbeiter soll das Bündnis vertreten und die Geschäftsabläufe zwischen den Hansetagen organisieren. Dr. Heinrich Sudermann übernimmt 1556 das Amt als erster **Syndikus** der Hanse. Weiterhin einigen sich 1557 vermutlich 63 Städte auf eine zehnjährige Konföderation. Die Unterzeichner verpflichten sich, an allen Hansetagen teilzunehmen oder sich zumindest vertreten zu lassen. Die dort gefassten Beschlüsse sollen für alle bindend sein.

564–1568 In Antwerpen lässt die Hanse ein großes repräsentatives Kontorhaus errichten. Obwohl viele Kaufleute längst mit ihren Familien in der Stadt leben, sollen sie bzw. ihre Handelsdiener nun wie in alten Zeiten wieder in einem Gebäude unter Aufsicht zusammenleben. 13 wichtige Fernhändler verzichten daraufhin auf ihre Mitgliedschaft in der Hanse. 1570 wird das Kontor aufgelöst.

1598 **Königin Elisabeth I.** lässt das Kontor der Hanse in London, den Stalhof, schließen und alle Hansekaufleute aus England ausweisen. Die Hanse verliert ihre wichtigste Niederlassung und ihre Privilegien in England.

Königin Elisabeth I. (1533–1603), Tochter Heinrichs VIII. und Anne Boleyns, beginnt die einheimischen Fernhändler stärker zu fördern.

Queen Elizabeth I (1533–1603), daughter of Henry VIII and Anne Boleyn, begins to give the local merchants more support.

um 1600 **Amsterdam** wird zum Welthandelsplatz; die Niederlande steigen zur größten Wirtschaftsmacht in Europa auf.

1602 In den Niederlanden gründen Kaufleute die **Vereenigde Oostindische Compagnie,** die sich zur ersten modernen Aktiengesellschaft entwickelt. Mehr als 1800 Investoren erwerben Anteile an dem Unternehmen.

1517 **Martin Luther** publishes 95 theses criticising the Church's policy of selling indulgences.

1518 At the **Hansetag in Lübeck** the representatives discuss how to deal with the considerable increase in the princes' power. Towns that have already lost most of their autonomy to their local ruler are no longer to be invited to the meetings.

after 1520 After many years of debate, the Hanse decides to move its kontor from Bruges to **Antwerp**. The rich port has long been a much more attractive

Handkolorierte Zeichnung des hansischen Kontors in Antwerpen.

Hand-coloured drawing of the Hanseatic kontor in Antwerp.

trading centre and many Low German merchants have already transferred their operations here.

since 1521 The reformist ideas of Martin Luther are popular in many Hanseatic towns; Johannes Bugenhagen drafts **new Church statues** since 1528 for Braunschweig, Hamburg and Lübeck among others. The Hanseatic cities of Cologne and Münster retain the Catholic faith.

1531 Europe's **first stock exchange** is built in Antwerp.t.

Golddukat der Vereenigde Oostindische Compagnie von 1755.

Gold ducat from the Vereenigde Oostindische Compagnie from 1755.

1554 –1557 The Hanse reorganises itself. An officer with legal training is to represent the alliance and organise business in between the Hansetage. Dr Heinrich Sudermann assumes the post of the Hanse's first legal officer or syndic in 1556. In 1557 another 63 towns are thought to have agreed to a ten-year confederation. The signatories undertake to attend all the Hansetage or at least to appoint another town to represent them. The resolutions passed there are meant to be binding for all.

1564 –1568 In Antwerp the Hanse has a large prestigious trading post built. Although many merchants and their families already live in the city, they or their servants are now meant to live together under supervision in a single building. This prompts some important merchants to forego their membership of the Hanse.

1598 Queen Elizabeth I closes the Steelyard, the Hanseatic trading post in London, and expels all Hanseatic merchants from England. This means the Hanse loses its main kontor and its privileges in England.

um 1600 **Amsterdam** becomes the world's main commercial centre; the Netherlands emerge as Europe's dominant economic power.

1602 Merchants in the Netherlands establish the **Vereenigde Oostindische Compagnie**, the forerunner of the first modern joint stock corporation. More than 1,800 investors buy shares in the company.

1618 Simmering religious conflicts and power struggles erupt in the Thirty Years' War. Soldiers and mercenaries maraud across Europe until 1648, causing innumerable deaths and devastating whole areas.

Lehrjungenkammer im Finne-
garten 1 des Kontors *Bryggen*, heute
Hanseatisches Museum und
Schötstuben, Bergen.

Apprentices' room in Finnegarten 1,
part of the kontor in *Bryggen*. Now
Hanseatisches Museum und Schötstuben,
Bergen.

1618 — Anhaltende Konfessionskonflikte und Hegemonialstreitigkeiten
münden im **Dreißigjährigen Krieg**.
Bis 1648 fordern quer durch Europa
ziehende Söldnertruppen unzählige
Todesopfer und verwüsten ganze
Landstriche.

1629 — Die Kommunikation zwischen den
Hansestädten wird in den Wirren
des Dreißigjährigen Krieges immer
schwieriger. Auf dem Hansetag werden **Lübeck, Hamburg** und **Bremen**
zu Vertretern der hansischen Interessen bestimmt.

1669 — In Lübeck findet der **letzte Hansetag**
statt. Außer Lübeck schicken ledig-
lich die Städte Danzig, Hamburg,
Köln, Braunschweig und Bremen ihre
Gesandten, Hildesheim, Rostock und
Osnabrück lassen sich vertreten.
Bedeutende Beschlüsse fassen sie
nicht.

19. Jh. — Die historisch-wissenschaftliche
Erforschung der Hansegeschich-
te beginnt – und damit auch ihre
Vereinnahmung für die unterschiedlichsten politischen und wirtschaftlichen Ziele.

1937 — Im Rahmen des von der Reichsre-
gierung Adolf Hitlers erlassenen
Gesetzes über Groß-Hamburg und
andere Gebietsbereinigungen wird
Lübeck kreisfreie Stadt der preußi-
schen Provinz Schleswig-Holstein.
Hamburg und Bremen bestehen
nach 1945 als Bundesländer fort.

1980 — Im niederländischen Zwolle wird der
Städtebund DIE HANSE gegründet.
Mitglied der **Neuen Hanse** kann
laut Statut *„Jede Stadt werden, die
der historischen Hanse angehörte,
ihr zugewandt war oder in der sich
längere Zeit hanseatische Kontore
oder Niederlassungen befanden".*
Ziel ist es, gemeinsam Handel und
Tourismus zu fördern – unter anderem richtet jedes Jahr eine andere
Mitgliedstadt den **Hansetag der
Neuzeit** aus.

1629 — Communication between the
Hanseatic towns is made more and
more difficult by the upheaval of the
Thirty Years' War. Lübeck, Hamburg
and Bremen are appointed at the
Hansetag to represents the interests
of the Hanse.

1669 — The last Hansetag takes place in
Lübeck. Apart from Lübeck only the
cities of Danzig, Hamburg, Cologne,
Braunschweig and Bremen send
envoys; Hildesheim, Rostock and
Osnabrück appoint proxies. No valid
resolutions are passed.

1764 — The kontor in Bergen becomes of-
ficially Norwegian. From as early as
the beginning of the 17th century the
Hanseatic merchants had begun to
sell their rooms to Norwegians or to
become citizens of Bergen themselves.

1815 — Lübeck, Hamburg and Bremen become sovereign states within the German Confederation, then the German
Empire and the Weimar Republic.

19th cent. — Academic research into the history of
the Hanse begins – accompanied by
a desire to harness the league for the
most diverse political and economic
ends.

1937 — As part of the decree issued by Adolf
Hitler's government defining the borders of greater Hamburg and amend-
ing other district boundaries, Lübeck
becomes an urban district within the
Prussian province of Schleswig-Holstein. Hamburg and Bremen continue
to exist after 1945 as states in the
Federal Republic of Germany.

1980 — A network of towns and cities known
as DIE HANSE is founded in Zwolle
in the Netherlands. According to
its statutes, any town or city can
become a member of the **New Hanse**,
*"which used to belong to the historic
Hanse, had affinities with it or in which
Hanseatic trading posts existed for
an extended period."* The aim of the
network is the joint promotion of
commerce and tourism, and every
year a different town holds a **modern
Hansetag**, often also known as a
Hanse Day.

In einem Bergener Lagerhaus
wird Stockfisch eingewogen,
Aufnahme von 1912.

Stockfish being weighed in a warehouse
in Bergen, photo from 1912.

1764 — Das Kontor in **Bergen** wird offiziell
norwegisch. Bereits Anfang des
17. Jahrhunderts beginnen Hansekaufleute, ihre Stuben an Norweger
zu verkaufen, oder werden selbst
Bürger der Stadt Bergen.

1815 — **Lübeck, Hamburg** und **Bremen**
werden als souveräne Staaten Mitglieder im Deutschen Bund, dann
im Deutschen Reich und in der
Weimarer Republik.

185 Städte aus 16 Ländern gehören
inzwischen zum Städtebund DIE HANSE.

185 towns from 16 countries now belong
to the network DIE HANSE.

Literaturempfehlungen
Recommended reading

Mittelalter Überblick / Middle Ages Overview
Enzyklopädie der Neuzeit. Band 1 – 16.
   Stuttgart 2005 – 2012.
Lexikon des Mittelalters. Band I-IX.
   München 2003.
E. Isenmann: Die deutsche Stadt im Mittelalter
   1150 – 1550. Stadtgestalt, Recht, Verfassung,
   Stadtregiment, Kirche, Gesellschaft,
   Wirtschaft. Köln 2012.

Geschichte der Hanse / History of the Hanse
Die Hansischen Geschichtsblätter. Erscheinen
   seit 1871 und enthalten Forschungsbeiträge
   zur hansischen und hanseatischen Geschichte.
   Sie informieren außerdem umfassend über
   einschlägige Neuerscheinungen.
Hanse-Lexikon auf www.hansischergeschichts-
   verein.de; die Beiträge erscheinen sukzessive
   und werden nach Fertigstellung ins Netz
   gestellt. Dort auch zahlreiche Bände der Hansischen Geschichtsblätter und weitere Lite-
   ratur zur Hanse im Open Access zugänglich.
T. Afflerbach: Der berufliche Alltag eines spätmit-
   telalterlichen Hansekaufmanns. Betrachtun-
   gen zur Abwicklung von Handelsgeschäften.
   Frankfurt am Main 1993.
N. Angermann, K. Friedland (Hg.): Novgorod –
   Markt und Kontor der Hanse. Köln, Weimar,
   Wien 2002
J. Bracker (Hg.): Die Hanse. Lebenswirklichkeit
   und Mythos. Katalog der Ausstellung im
   Museum für Hamburgische Geschichte 1989,
   2 Bände. Lübeck 1989.
M. Burkhardt: Der hansische Bergenhandel im
   Spätmittelalter. Handel – Kaufleute – Netz-
   werke. Köln, Weimar, Wien 2009.
P. Dollinger: Die Hanse. 6. Aufl. neu bearb.
   Stuttgart 2012.
H.-J. Dräger: Hanse anschaulich: Eine unterhalt-
   same Bilderreise in die Hansezeit. Heide 2015.
G. Graichen, R. Hammel-Kiesow: Die deutsche
   Hanse, Reinbek bei Hamburg 2011.
A. Grassmann (Hg.): Lübeckische Geschichte.
   Lübeck 2008.
A. Grassmann (Hg.): Der Kaufmann und der liebe
   Gott. Zu Kommerz und Kirche in Mittelalter
   und Früher Neuzeit. Trier 2009.
R. Hammel-Kiesow, M. Puhle, S. Wittenburg:
   Die Hanse. Darmstadt 2015.
R. Hammel-Kiesow: Die Hanse. 5. Auflage.
   München 2014.
C. Jahnke: Die Hanse. Stuttgart 2014.
N. Jörn: With Money and bloode. Der Londoner
   Stahlhof im Spannungsfeld der englisch-
   hansischen Beziehungen im 15. und 16.
   Jahrhundert. Köln. 2000.

N. Jörn, W. Paravicini, H. Wernicke (Hg.): Han-
   sekaufleute in Brügge, Teil 4: Beiträge der
   Internationalen Tagung in Brügge, April 1996.
   Frankfurt am Main, Berlin, Bern u. a. 2000.
D. W. Poeck: Die Herren der Hanse. Delegierte
   und Netzwerke. Frankfurt am Main 2010.
J. L. Schipmann: Politische Kommunikation in der
   Hanse (1550 – 1621). Hansetage und westfäli-
   sche Städte. Köln 2004.
S. Selzer: Die mittelalterliche Hanse, Darmstadt
   2010.

Englischsprachige Werke / Literature in English
J. Wubs-Mrozewicz, Justyna, S. Jenks (Hg.): The
   Hanse in Medieval and Early Modern Europe.
   Leiden, Boston 2013.
D. Harreld (Hg.): A companion to the Hanseatic
   League, Leiden, Boston 2015.

Burgkloster und Standortgeschichte / Castle Friary and the history of the site
J. Baltzer, F. Bruns und H. Rahtgens: Die Bau-
   und Kunstdenkmäler der Hansestadt Lübeck.
   Band IV: Die Klöster. Lübeck 1928.
A. Falk und D. Mührenberg: Beichthaus, Turnhalle,
   Atelier und Museum. Ein Bauwerk und seine
   Geschichte. Jahresschrift der Archäologischen
   Gesellschaft der Hansestadt Lübeck 6.
   Lübeck 2011.
M. Gläser: Untersuchungen auf dem Gelände
   des ehemaligen Burgklosters zu Lübeck. Ein
   Beitrag zur Burgenarchäologie. In: Lübecker
   Schriften zur Archäologie und Kulturge-
   schichte 22 (1999), S. 65 – 121.
R. Hammel-Kiesow: Die Anfänge Lübecks:
   Von der abodritischen Landnahme bis zur
   Eingliederung in die Grafschaft Holstein-Stor-
   marn. In: A. Graßmann (Hrsg.), Lübeckische
   Geschichte (2008), S. 1 – 45.
R. Nikolov und M. Gläser: Das Burgkloster zu
   Lübeck. Lübeck 1992.
G. Dehio: Handbuch der Deutschen Kunst-
   denkmäler. Hamburg. Schleswig-Holstein;
   Deutscher Kunstverlag Berlin / München
   3. ergänzte Auflage 2009; S. 530.

Archäologie und Hanse / Archeology and Hanse
Falk, U. Müller und M. Schneider: Lübeck und
   der Hanseraum. Beiträge zu Archäologie und
   Kulturgeschichte. Festschrift für Manfred
   Gläser. Lübeck 2014.
M. Gläser: Lübecker Kolloquium zur Stadtarchäo-
   logie im Hanseraum I – IX. Lübeck 1997 – 2014.

Literaturliste „Hanseaten – Mythos und Realität des ehrbaren Kaufmanns seit dem 19. Jahrhundert" / Bibliographical reference "Hanseatic virtues – myth and reality of the honest merchant since the 19th century"
Archiv der FZH, 12/C, Personalakten, Eidesstattli-
   che Erklärung von Albert Schäfer für Joachim
   de la Camp, 6.12.46.
F. Bajohr: Hamburg im „Dritten Reich". In: For-
   schungsstelle für Zeitgeschichte in Hamburg
   (FZH), Zeitgeschichte in Hamburg 2013,
   Hamburg 2014.
F. Bajohr / D. Wierling: „Hanseat" und "han-
   seatisch" – Konturen eines möglichen
   Forschungsfelds, unveröff. Konzeptpapier,
   o.D. [2012].
R. Bretschneider: Die handelsmäßige Erschlie-
   ßung des Generalgouvernements. In: Ham-
   burg und die Nordmark, Jg. 23 (1941), Nr. 17.
Die ZEIT: Der Außenhändler wartet ab.
   19.12.1946.
Duden: Das große Wörterbuch der deutschen
   Sprache in sechs Bänden, Bd. 3: G-Kal.
   Mannheim, Wien, Zürich 1977.
A. Ebbinghaus / K. Linne (Hg.): Kein abgeschlos-
   senes Kapitel: Hamburg im „Dritten Reich".
   Hamburg 1997.
A. Frankenfeld: Moderne Hanseaten. Die junge
   Generation an der Spitze – „Hanseatische
   Freiheit" von heute. In: Berliner Tageblatt vom
   29.1.1935.
J. Grolle: Hamburg und seine Historiker.
   Hamburg 1997.
Hamburger Tageblatt vom 26.4.1935
Handelskammer Hamburg (Hg.): Wir handeln
   für Hamburg. 350 Jahre Handelskammer
   Hamburg 2015.
M. Hundt / L. Jockheck (Hg.): Geschichte als
   Verpflichtung. Hamburg, Reformation und
   Historiographie. Festschrift für Rainer Postel
   zum 60. Geburtstag. Hamburg 2001.
A. Münchmeyer: Ein Bankier betrachtet sein
   Leben. Reinbek 1988.
H. Muchow: Die Hanse als Wille und Tat aus
   nordisch-germanischem Geist. Vortrag,
   gehalten am 2. März 1939 vor der Nordischen
   Gesellschaft in Hamburg. Hamburg 1939.
o. V.: Aufruf des Hamburger Senats: Hamburger,
   tut Eure Pflicht. In: Hamburger Anzeiger vom
   25.9.1931.
H. Reincke / Walter Hävernick / Gustav Schlotterer:
   Hamburg. Einst und jetzt. Hamburg 1933
M. Thiessen: Eingebrannt ins Gedächtnis. Ham-
   burgs Gedenken an Luftkrieg und Kriegsende
   1943 bis 2005. Hamburg 2007.
M. Wegner: Hanseaten. Von stolzen Bürgern und
   schönen Legenden. Berlin 1999.
Zeitgeschichte in Hamburg. Nachrichten aus
   der Forschungsstelle für Zeitgeschichte in
   Hamburg (FZH) 2003, hrsg. von der FZH,
   Hamburg 2004.

Entwicklung und Bau des Europäischen Hansemuseums
Developing and construction of the European Hansemuseum

Auftraggeberin / Bauherrin / Client
Europäisches Hansemuseum Lübeck
gemeinnützige GmbH

Förderung / Funding
Possehl-Stiftung
Land Schleswig-Holstein
Hansestadt Lübeck

Direktion / Director
Dr. Felicia Sternfeld

Konzept / Gesamtplanung
Concept / Overall planning
Andreas Heller, Architekt

Projektsteuerung / Project management
stg, Bremen, Dipl.-Ing. Stefan Gürtzgen

Wissenschaftliches Narrativ und Beratung
Scientific narrative and advice
Prof. Dr. Rolf Hammel-Kiesow,
Forschungsstelle für die Geschichte der Hanse
und des Ostseeraums

Wissenschaftliche Beratung
Scientific advisors
Dr. habil. Mike Burkhardt
Prof. Dr. Albrecht Cordes
Hubert De Witte (Brügge)
Prof. Dr. Geir Atle Ersland (Bergen)
Jens-Christian Holst (Lübeck)
Prof. em. Dr. Stuart Jenks (Hanse in London)
Dr. Christine Kratzke (Burgkloster)
Prof. Dr. Hiram Kümper (Glaubenswelt,
Dominikaner und Kaufleute)
Brigitte Landes (Dramaturgie)
Dr. Ing. Michael Scheftel (Lübeck und Pest)
Peter Sorokin (Naturraum Newa und Wolchow)
Roy Stephenson (London)
Dr. Sergey Trojanovsky (Archäologie Nowgorod)
Dr. André Vandewalle (Brügge)
Roland Warzecha (Bewaffnung zur Hansezeit)

Wissenschaftliche Mitarbeit
Scientific research
Fabian Baumann (Recherche zu einzelnen Städten)
Ann-Mailin Behm (Pest 14. Jahrhundert)
Andreas Böcker (Recherche zu einzelnen Städten)
Emmanuelle Chaze (Recherche zu
einzelnen Städten)
Dr. Margit Christensen (Baugeschichte
Burgkloster)
Christina Clever-Kümper (Metallwaren)
Christopher Drum (Recherche Gemälde im
Londoner Kontor)
Dr. Turan Gizbili (Kontor in Bergen)
Dr. Jan Graefe (Archäologie)

Carsten Groth (Hansisches Recht)
Astrid Hackel (Museologie)
Carolin Hahn (Recherche zu einzelnen Städten)
Stephan Hauf (Kartografie)
Franziska Hormuth (Vor-Ort-Recherche)
Dr. Iwan Iwanow (Nowgorod und Die
Hanse nach 1500)
Julia Jäschke (Recherche zu einzelnen Städten)
Prof. em. Dr. Stuart Jenks (Hanse in London)
Alina Kathib (Bildrecherche)
Viktoria Krason (Hanselabor)
Johanna Kürzdörfer (Bildrecherche)
Prof. Dr. Hiram Kümper (Glaubenswelt,
Dominikaner und Kaufleute sowie Über-
setzungen von Quellen)
Dr. Ulla Kypta (Kontor Brügge)
Apl. Prof. Dr. Rainer Leng (Recherche zu einzel-
nen Städten, Thema „Unsicherheit und Armut")
Anna Lindenblatt (Recherche zu einzelnen
Städten, Thema „Von schönen Dingen")
Dr. Christina Link (Kontor Brügge)
Ingemar Lundgren (Schiffswrack Mars)
Maria Y. Merseburger (Kostümentwicklung sowie
Waffen und Rüstungen im Hanseraum)
Benny Möller (Kontor in London)
Dr. Tatjana Niemsch (Lübeck im 13. Jahrhundert)
Nicole Opel (Architekturgeschichte Burgkloster
und Gerichtsgebäude)
Veronica Palm (Schiffswrack Mars)
Christian Peplow (Seeschiffe der Hanse)
Stephanie Pfützenreuter (Recherche zu
einzelnen Städten)
Jens Pickenhahn (Recherche zu
einzelnen Städten)
Anna Quell (Bildrecherche)
Jorge Scholz (Kontor in Bergen)
Maria Seier (Hansetag 1518)
Gudrun Söffker (Recherche zu einzelnen
Städten, sowie Thema „Unter Segeln")
Dr. Joachim Stephan (Recherche zu
einzelnen Städten)
Sabrina Stockhusen (Hansische Handels-
betriebe 14. bis 17. Jahrhundert)
Benjamin van der Linde (Recherche zu einzelnen
Städten, sowie Thema „Alltag in der Stadt")
Oleg Voronov (Recherche zu einzelnen Städten)
Samantha Warnholz (Übersetzung des
hansischen Rezesses von 1518)
Janis Wittowski (Soziologie im Hanseraum)
Daniel Zwick (Koggen und andere Schiffstypen
des 12. und 13. Jahrhunderts)

Konzept / Recherche / Texte
Concept / research / text
Prof. Dr. Rolf Hammel-Kiesow
Marina Eismann, Philipp Bürger,
Tatjana Dübbel, Hauke Abeling,
Andreas Heller Architects & Designers

Franziska Evers, Europäisches Hansemuseum
Tillmann Bendikowski, Sven Behrisch
Hauke Friederichs, Constanze Kindel
Jenny Niederstadt, Ulf Schönert, Sven Stillich
Petra Blum, Gesa Gottschalk, Kirsten Gleinig

Medienkonzept / Media concept
Andreas Heller Architects & Designers
Marina Eismann, Ulf Klüsener

Übersetzungen / Translation
John Porter (Englisch), Galina Widrich, Natalia
Rasem, Alexej Baskakov (Russisch), Hélène
Kromnow, Jesper Festin, Ingrid Kamps, Frieder
Henning, Elizabet Gerber Andelius, Estilo
Translations, Karin Werge Hjerpe (Schwedisch)

Beratung durch Museen / Museum advisors
Deutsches Textilmuseum Krefeld
ModeMuseum Antwerpen
Herzog Anton Ulrich Museum Braunschweig
Kolumba Museum Köln
Basiliek van Sint Servaas Mastricht
Museum of London
Abegg-Stiftung Bern
St. Annen-Museum Lübeck
Musea Brugge
Centre International d'Etude des Textiles
Anciens
Museum für Tuch und Technik Neumünster
Stiftsmuseum Karden
Kloster Isenhagen
Museum Lüneburg
Lüneburger Rathaus
Bodendenkmalpflege und Archäologie Münster
Lübecker Rathaus

Architektur / Architecture
Andreas Heller Architects & Designers
Andreas Heller
Christian Mundt
Peter Klann
Melanie Becker
Nele Bendschneider
Birgit Entzeroth-Nagler
Corinna Hinck
Alexander Hugo
Lüder Meyer
Stephan Meyerhoff
Taavi Pölme
Katja Prasser
Sabine Steinmetz
Sonja Templin
Wenjing Xu

Landschaftsarchitektur und Lichtplanung
Landscape architecture and lighting design
WES LandschaftsArchitektur
Andreas Heller Architects & Designers
Peter Andres – Beratende Ingenieure für
Lichtplanung

Inszenierung / Ausstellungsdesign /
Innenarchitektur / Lightdesign
Scenery / Exhibition design / Interiors /
Light design
Andreas Heller Architects & Designers
Andreas Heller
Ulf Klüsener
Alexander Kruse
Alke Thamsen
Julia Beck
Raquel Gomez Vives
Hila Limar
Margarethe Mielentz
Johannes von Müller
Nora Potente
Markus Sommer
André Stock

Grafikdesign / Graphic design
Andreas Heller Architects & Designers
Jutta Strauß
Anastasia Andreeva
Chad Danford
Congsu He
Dirk Kühne
Janna Nikoleit
Salome Rammler
Alexandra Schäfer
Katharina Schätzle
Wiebke Veth
Carmen Vierbacher

Modellbau / Models
Andreas Heller Architects & Designers
Markus Sommer
Johannes Heller

Soundinstallation / Sound installation
Wolfgang von Henko

Filme / Films
Martin Granata
Constantin Heller

Audioproduktion / Audio production
Wolfgang von Henko
Tatjana Dübbel
Studio Wort
Eimsbütteler Tonstudio

Sprecher Hörstationen
Voices on audio stations
Katja Danowski, Peter Lohmeyer,
Michael Prelle, Christian Redl,
Samuel Weiß (Deutsch)
Emily Brandt, Alex D'Attoma,
Rob Quirk (Englisch)
Anastasia Andreeva, Alexandra
Golfinger, Evgeni Mestetschkin,
Pjotr Olev, Katerina Poladjan,
Anatoly Zhivago (Russisch)
Elizabet Gerber Andelius,
Anton Korppi, Aino Löwenmark,
Andree Solvik (Schwedisch)

Tragwerksplanung / Structural planning
Kröger & Steinchen Beratende Ingenieure

Statik Bohrpfahlwand
Engineering of bore pile wall
WTM Engineers

Technische Gebäudeausrüstung / HVAC
Schlüter + Thomsen

Brandschutz / Fire safety
HAHN Consult

Bauphysik Burgkloster
Building physics Castle Friary
Transsolar

Energieplanung / Energy planning
KAplus

Akustik Neubau / Acoustics in new building
Lärmkontor

Archäologie / Archaeology
Prof. Dr. Manfred Gläser
Dr. Manfred Schneider
Doris Mührenberg
Ingrid Sudhoff
Ingrid Schalies

Grabung / Dig
Cathrin Hähn
Katrin Siegfried
Hendrik Rohland
Mark Kühlborn
André Dubisch
Eric Müller

Restaurierung Ausgrabung
Restoration of the dig
Restaurierung am Oberbaum, Berlin

Konzept Restaurierung Burgkloster
Concept for restauration of Castle Friary
Dr. Irmgard Hunecke
Elke Kuhnert
Birgid Löffler-Dreyer
Prof. Dr. Nicole Riedl-Sydow

Restaurierung Burgkloster
Restoration of Castle Friary
Arge Butt Restaurierungen,
Christiane Maier, Jarek Kulicki
Boris Frohberg Restaurierung
Ada Hinkel
Stephanie Schipper
Lena Geidner
Sara Beuster

Beirat / Advisory Board
Prof. Dr. Hans Wißkirchen (Vorsitzender)
Leitender Direktor die Lübecker Museen
Bürgermeister Yury Bobryshev der Stadt Welikij
Nowgorod, Russische Föderation
Björn Engholm
Ministerpräsident a. D. Schleswig-Holstein
Marianne Nielsen
Leiterin der städtischen Museen Bergen,
Norwegen
Dr. Robert Knüppel
Stellvertretender Vorsitzender des
Kuratoriums Deutsche Stiftung Denkmalschutz,
Bonn, Deutschland
Bürgermeister Renaat Julien Landuyt
der Stadt Brügge, Belgien
Roy Stephenson
Leiter archäologische Sammlung und Archiv
des Museum of London, Vereinigtes Königreich
Dr. Ansgar Tietmeyer
Leiter des Bereichs Public Affairs der
Deutschen Bank, Berlin

Leihgeber / Lenders
Archiv der Hansestadt Lübeck
Bereich Archäologie und Denkmalpflege
der Hansestadt Lübeck
Die Lübecker Museen / St. Annen-Museum
Kode Art Museum (Bergen, Norwegen)
Musea Brugge (Brügge, Belgien)
Museum für Hamburgische Geschichte
Museum of London (London, Vereinigtes
Königreich)
Museum Vest, Hanseatisches Museum und
Schötstuben (Bergen, Norwegen)
Staatlich Historische Museen
(Stockholm, Schweden)
Staatliches Vereinigtes Museumsreservat
der Stadt Nowgorod (Nowgorod, Russische
Föderation)
Stiftung Schleswig-Holsteinische
Landesmuseen – Archäologisches Landes-
museum Schloss Gottorf

Impressum Katalog
Imprint Catalogue

Europäisches Hansemuseum
edition exspecto
herausgegeben von / published by
Dr. Felicia Sternfeld

**Inhaltliche Konzeption und Redaktion
Concept and editorial content**
Tatjana Dübbel

Recherchen, Glossar / Research, glossary
Prof. Dr. Rolf Hammel-Kiesow
Tatjana Dübbel
Franziska Evers
André Dubisch

Mitarbeit / Contribution
Jette Heger, Meino Hauschildt

Übersetzung / Translation
John Porter

Korrektorat / Proof-reading
Kirsten Gleinig

Kataloggestaltung / Catalogue design
Andreas Heller Architects & Designers
Jutta Strauß

Grafiken / Diagrams
Andreas Heller Architects & Designers
Alexandra Schäfer, Janna Nikoleit

Karten / Maps
Stephan Hauf

Fotos Titel, Rückseite / Cover photos
Werner Huthmacher, Olaf Malzahn,
Thomas Radbruch

Druck und Bindung / Printing and binding
Dräger+Wullenwever
print+media Lübeck
GmbH & Co. KG

1. Auflage / 1st edition, Lübeck 2016
Copyright © Europäisches Hansemuseum

www.hansemuseum.eu

Europäisches Hansemuseum Lübeck
gemeinnützige GmbH
An der Untertrave 1
D-23552 Lübeck

ISBN 978-3-9817989-0-6
Printed in Lübeck, Germany

Archive und Bibliotheken / Archives and libraries
Archiv der Hansestadt Rostock
Ashmolean Museum (Oxford, Vereinigtes Königreich)
Bayerische Staatsbibliothek
Bibliothèque nationale de France (Paris, Frankreich)
British Library (London, Vereinigtes Königreich)
Bundesarchiv
Bürgerbibliothek Bern – Bibliothèque de la Bourgeoisie de Berne (Bern, Schweiz)
Germanisches Nationalmuseum Nürnberg
Herzog-August-Bibliothek Wolfenbüttel
Historisches Staatsarchiv Lettland (Riga, Lettland)
Klassik Stiftung Weimar – Herzogin Anna Amalia Bibliothek
Königliche Bibliothek zu Kopenhagen (Kopenhagen, Dänemark)
Korporation Luzern (Luzern, Schweiz)
Kunsthistorisches Museum Wien (Wien, Österreich)
Lettisches Nationalmuseum (Riga, Lettland)
Ministerium für Kultur und Tourismus Venedig (Venedig, Italien)
Museo de Bellas Artes de Bilbao (Bilbao, Spanien)
National Museum in Gdansk (Gdansk, Polen)
Royal Collection Trust (London, Vereinigtes Königreich)
Russisches Staatsarchiv für Alte Akten, RGADA (Moskau, Russische Föderation)
Staatliche Graphische Sammlung München
Staats- und Stadtbibliothek Augsburg
Staats- und Universitätsbibliothek Bremen
Staatsbibliothek zu Berlin – Preußischer Kulturbesitz
Stad Brugge, Stadsarchief (Brügge, Belgien)
Stadtarchiv Hildesheim
Stadtarchiv der Hansestadt Lüneburg
Stadtarchiv Soest
Stadtarchiv Tallinn (Tallinn, Estland)
Stadtbibliothek im Bildungscampus Nürnberg
Stiftung Stadtgedächtnis Köln
The Morgan Library & Museum (New York City, Vereinigte Staaten)
The National Gallery (London, Vereinigtes Königreich)
The University of Manchester Library (Manchester, Vereinigtes Königreich)
Trinity College Library Dublin (Dublin, Irland)
Universitätsbibliothek Heidelberg
Universitätsbibliothek Mannheim
University of Aberdeen (Aberdeen, Vereinigtes Königreich)
Württembergische Landesbibliothek
Zentralarchiv Zürich (Zürich, Schweiz)
Sammlung Europäisches Hansemuseum Lübeck

Danksagung
Acknowledgements

Das Europäische Hansemuseum ist durch das bürgerschaftliche Engagement der Possehl-Stiftung und durch die Förderung des Landes Schleswig-Holstein und der Hansestadt Lübeck realisiert worden. Ganz besonders möchten wir uns bei den Menschen und Institutionen bedanken, die das Museum auf dem langen Weg seiner Realisierung unterstützt und stets positiv begleitet haben.

The European Hansemuseum owes its existence to the civic engagement of the Possehl Foundation and the funding provided by the state of Schleswig-Holstein and the Hanseatic City of Lübeck. Our particular thanks go to the people and institutions who have provided support and encouragement on the long journey to bring the museum to life.

Vorstand und Mitarbeiter der Possehl-Stiftung
Landesregierung Schleswig-Holstein
die Lübecker Museen
Begleitausschuss Hansestadt Lübeck
Nachbarn des Europäischen Hansemuseums
Deutsches Auswandererhaus Bremerhaven
Dr. Helmuth Pfeifer
Renate Menken
Dr. Stephan Bartelt
Uwe Lüders
Frank-Thomas Gaulin
Dr. Jan Lokers
Hubert de Witte
Prof. Dr. Antjekathrin Graßmann
Prof. Dr. Norbert Angermann
Prof. Dr. Albrecht Cordes
Dr. Iwan Iwanov
Prof. Dr. Stuart Jenks
Prof. Dr. Rudolf Holbach
Prof. Dr. Rainer Metz
Prof. Dr. Matthias Puhle
Prof. Dr. Bernd M. Scherer
Dr. Simone Eick
Erika Bade
Ulrich Pietsch
Prof. Dr. Rolf Verleger
Dario Arndt
Prof. Dipl.-Ing. Stephan Wehrig

Bildnachweis
Picture credits

Architektur- und Ausstellungsfotos / Photos of architecture and exhibition
Werner Huthmacher: Titel, S. 4, 19, 20/21, 28, 38/39, 49, 64, 70, 79, 88, 89,
91, 93 oben, 94, 95, 96, 98, 103, Rücktitel 2. von links unten
Olaf Malzahn: S. 24, 27, 30, 37, 47, 48, 52, 54, 55, 66, 67, 68, 74,
110 alle außer mitte und oben rechts, 113, 115 unten links, Rücktitel
1.–4. oben und 1. von links unten
Thomas Radbruch: S. 92, 93 unten rechts, 100 links,
Rücktitel 3. und 4. von links unten
Kay Riechers: S. 21, 34, 43, 46, 52, 53, 62, 82/83, 110 mitte und
oben rechts, 111, 112, 114

Abbildungen / Illustrations
S. 26: © Staatliches Vereinigtes Museumsreservat der Stadt Nowgorod
S. 32: © Hansestadt Lübeck, Bereich Archäologie und Denkmalpflege,
Abteilung Archäologie, Stefan Volk; Foto unten: privat
S. 33: © Hansestadt Lübeck, Bereich Archäologie und Denkmalpflege,
Abteilung Archäologie
S. 40: Marcus Gerards, Stadtplan von Brügge, 1562, © Musea Brugge
S. 41: Antonius Sanderus, Flandria Illustrata, Ghent University Library,
BIB.G.005840
S. 42: © Musea Brugge
S. 58: © Hansestadt Lübeck, Bereich Archäologie und Denkmalpflege,
Abteilung Archäologie; Foto unten: privat
S. 59: © Herzog Anton Ulrich-Museum Braunschweig, Kunstmuseum
des Landes Niedersachsen
S. 60: © British Museum Images, The British Museum Company Limited
S. 61: © Picture Library Ashmolean Museum, Oxford
S. 62: Foto unten: ©Meino Hauschildt
S. 63: © Museum of London
S. 65: aus: J. Warncke, Der ehemalige Hansesaal im Lübecker Rathaus, 1916.
© Fotoarchiv der Hansestadt Lübeck / St. Annen-Museum
S. 73: © bpk / Staatsbibliothek zu Berlin
S. 76: © bpk / Hermann Buresch
S. 77: © Archiv der Hansestadt Lübeck, ASA Externa Batavica 127
S. 79: © Anders Beer Wilse / Norsk Folkemuseum
S. 81: © Hanseatisches Museum und Schötstuben; Foto unten: privat
S. 86: Foto: © EHM
S. 93 unten links: © Helmut Gerlitz / Hansestadt Lübeck
S. 100 oben rechts: © Archäologie Lübeck / André Dubisch
S. 101: © Hansestadt Lübeck, Bereich Archäologie und Denkmalpflege,
Abteilung Archäologie
S. 102: © Archäologie Lübeck / André Dubisch
S. 104: © akg-images
S. 105 oben rechts: Pictura Paedagogica Onine, Bibliothek für bildungsge-
schichtliche Forschung (DIPF) b000112ohild
S. 108: © Maike Raap / FZH
S. 115: 1–3, 5 und 6 © Rolf Wiechmann, 4 © Rolf Wiechmann mit
freundlicher Unterstützung der Schatzkammer, St. Servatius, Maastricht, NL,
8 © Abegg-Stiftung Bern
S. 116: alle Fotos © Antje Stubenrauch
S.120 oben Mitte: © Archiv der Hansestadt Lübeck, unten
Mitte: © Herzogin Anna Amalia Bibliothek / Lucas Brandis, Rudimentum
novitiorum sive Chronicarum et historiarum epitome, Lübeck 1475: Herzogin
Anna Amalia Bibliothek, Inc. 47
S. 121 unten Mitte: © Bayerische Staatsbibliothek München, Rar. 185, fol. 6,
urn:nbn:de:bvb:12-bsb00027051-1
S. 122 links Mitte: © bpk / Dietmar Katz, rechts oben: ©bpk
S. 123 Mitte: © Archiv der Hansestadt Lübeck, ASA Externa Batavica 127,
unten Mitte: © bpk | The Trustees of the British Museum

Das Handelsgebiet der niederdeutschen Kaufleute reicht vom Norden Europas bis in die Küstenstädte am Mittelmeer. In Nowgorod, Brügge, London und Bergen gründen die Fernhändler vier große Kontore; an weiteren Handelsplätzen entstehen insgesamt 44 kleinere Niederlassungen.

Der Begriff *Hanse* leitet sich von dem althochdeutschen Wort für *Schar* ab und wird bereits seit dem 12. Jahrhundert für Gemeinschaften von Fernhändlern im Ausland verwendet. Die Kaufleute vereint ihre gemeinsame Sprache: Mittelniederdeutsch ist bis Ende des 16. Jahrhunderts die führende Schriftsprache an der südlichen Nord- und Ostseeküste.

The trading range of the Low German merchants extends from northern Europe to the cities of the Mediterranean. In Novgorod, Bruges, London and Bergen the long-distance merchants build their four main trading posts; a total of 44 smaller outposts are set up in other commercial centres.

The term *Hanse* is derived from the Old High German word for a group or band of people and is used from the 12th century onwards for communities of long-distance merchants abroad. The merchants are united by a common language: Middle Low German, which until the late 16th century is the leading written language in the regions south of the North and Baltic seas.